La tecnología que no quieren que conozcas
Ingeniería extraterrestre

De: Alexei Volkov

Editor: Christian Francesco Schio

Descubre los secretos más profundos y ocultos de la tecnología extraterrestre en "La tecnología que no quieren que conozcas: Ingeniería extraterrestre", una obra que explora las posibilidades y realidades de la ingeniería avanzada más allá de nuestro planeta.

Publicado en Lanzarote en agosto 2024

ALEXEI VOLKOV

LA TECNOLOGÍA QUE NO QUIEREN QUE CONOZCAS

INGENIERIA EXTRATERRESTRE

Prefacio

La tecnología que no quieren que conozcas: Ingeniería extraterrestre es una obra que nace de la curiosidad y la inquietud por comprender fenómenos que la ciencia tradicional, los gobiernos y las corporaciones han decidido, en su mayoría, ignorar o esconder deliberadamente. Soy Alexei Volkov, un apasionado investigador de los misterios que envuelven a nuestra existencia, y desde muy joven, he estado fascinado por las historias de encuentros cercanos, avistamientos de objetos voladores no identificados (OVNIs), y relatos de tecnologías avanzadas que parecen desafiar nuestra comprensión actual del universo.

El propósito de este libro no es convencer a los escépticos, ni imponer una visión dogmática sobre los lectores. Mi objetivo es, más bien, ofrecer una visión informada y profunda sobre lo que podría ser la evidencia más extraordinaria y perturbadora de nuestra historia: la existencia de tecnologías avanzadas que no son de este mundo, y que, en muchos casos, han sido recuperadas, estudiadas y, en cierta medida, replicadas a través de la ingeniería inversa.

Vivimos en una era donde la información es tanto una bendición como una maldición. La facilidad con la que podemos acceder a datos y relatos de todo tipo es incomparable, pero también lo es la facilidad con la que podemos ser desinformados. La tecnología extraterrestre, por su propia naturaleza, está envuelta en un velo de secretismo que ha sido tejido por aquellos que detentan el poder. Estas entidades, ya sean gobiernos, instituciones militares o conglomerados industriales, entienden el impacto potencial de revelar la verdad: un cambio radical en la estructura de poder, economía, y en nuestra percepción de la humanidad misma.

En este libro, exploro los casos más documentados y fascinantes de tecnologías extraterrestres que han sido descubiertas en diversas partes del mundo, a menudo bajo circunstancias altamente secretas y controvertidas. Desde los restos del incidente de Roswell hasta las misteriosas naves triangulares que han sido vistas sobrevolando zonas sensibles, cada capítulo intenta desvelar un aspecto de esta tecnología, no solo para documentarla, sino para cuestionar el silencio que la rodea.

El proceso de investigación ha sido arduo. Enfrentarme a este tema me ha llevado a recorrer un camino lleno de obstáculos, desde la falta de acceso a información clasificada hasta la desconfianza que este tipo de investigaciones suele generar. Sin embargo, cada dificultad superada ha sido una confirmación más de que algo poderoso se oculta en las sombras, y que su exposición podría cambiar nuestra comprensión del mundo de manera irreversible.

Este libro también aborda el fenómeno de la ingeniería inversa. ¿Cómo es posible que ciertas tecnologías que hoy damos por sentadas, como los microchips o las fibras ópticas, hayan surgido en un periodo tan corto de tiempo, coincidiendo curiosamente con el auge de los avistamientos OVNI y los supuestos contactos con civilizaciones más avanzadas? La respuesta a esta pregunta podría ser una de las claves para entender hasta qué punto hemos utilizado, o incluso abusado, de conocimientos que no nos pertenecen.

Pero este libro no se queda en el pasado. En los capítulos finales, exploro las posibles implicaciones de estos descubrimientos para nuestro futuro. Si realmente estamos en posesión de tecnologías que superan en siglos a nuestras propias capacidades actuales, ¿por qué seguimos dependiendo de fuentes de energía anticuadas? ¿Por qué la humanidad sigue enfrentándose a problemas como el hambre, la enfermedad, y la guerra, cuando podríamos estar al borde de una revolución tecnológica que transforme nuestras vidas para siempre?

La respuesta, sugiero, radica en el poder. Aquellos que controlan esta tecnología controlan el destino de nuestra especie. Y es por esta razón que han decidido ocultarla, manteniéndonos en la oscuridad mientras ellos utilizan estos avances para sus propios fines.

La tecnología que no quieren que conozcas: Ingeniería extraterrestre no es solo un libro de tecnología o ciencia ficción. Es una obra que busca abrir un debate necesario sobre lo que significa ser humano en un universo lleno de misterios y potenciales aliados o adversarios. Es un llamado a la conciencia, a la exploración y a la búsqueda incansable de la verdad, sea cual sea el costo.

Acompáñame en este viaje a través de lo desconocido, en un recorrido que desafía la lógica, la ciencia convencional y las estructuras de poder establecidas. Porque la verdad, por más increíble que parezca, siempre encuentra la manera de salir a la luz.

Alexei Volkov
2024

Capítulo 1
Introducción a la Tecnología Extraterrestre

El mito y la realidad: Definición de tecnología extraterrestre

A lo largo de la historia, la humanidad ha soñado con la posibilidad de no estar sola en el vasto universo. Estas ideas, que han inspirado mitos, leyendas, y, más recientemente, películas y literatura de ciencia ficción, han sido una constante en nuestra cultura. Pero, ¿qué sucede cuando esas historias parecen cobrar vida, cuando las imágenes de naves espaciales y seres de otros mundos dejan de ser mera fantasía y comienzan a aparecer en testimonios, documentos y, para algunos, en la vida real? Aquí es donde entramos en el intrigante y a menudo controvertido terreno de la tecnología extraterrestre.

¿Qué es la tecnología extraterrestre?

Para abordar este tema, primero debemos definir con precisión qué entendemos por "tecnología extraterrestre". En términos simples, se refiere a cualquier tipo de tecnología que no haya sido creada por la humanidad y cuya procedencia se atribuya a seres de otros planetas o dimensiones. Esto incluye, pero no se limita a, dispositivos, máquinas, materiales, o incluso ideas y conocimientos que superan nuestra capacidad actual de creación y comprensión, y que no tienen una explicación clara dentro de nuestra ciencia y tecnología conocidas.

Es importante destacar que el término "extraterrestre" no se refiere exclusivamente a seres que provienen de otros planetas en nuestra galaxia. Podría abarcar formas de vida o inteligencias que existen en dimensiones paralelas, otras realidades o incluso en diferentes planos de existencia dentro del mismo universo. La tecnología extraterrestre, por lo tanto, puede manifestarse de maneras que desafían no solo nuestra capacidad técnica, sino también nuestra percepción de la realidad.

Separando el mito de la realidad

Hablar de tecnología extraterrestre a menudo conlleva el riesgo de caer en el terreno de lo especulativo o lo fantasioso. A lo largo de los años, la cultura popular ha distorsionado en gran medida el concepto, mezclando hechos, suposiciones y mitos de manera indiscriminada. Para algunos, la idea de tecnología extraterrestre evoca imágenes de naves espaciales brillantes y pistolas láser, alimentadas por una imaginación desbordante más que por pruebas tangibles.

Sin embargo, la tecnología extraterrestre, si existe, no se presenta necesariamente de manera tan espectacular. En muchos casos documentados o reportados, los supuestos hallazgos de origen extraterrestre son mucho más sutiles. Pueden consistir en pequeños artefactos, piezas de metal con propiedades inexplicables, o incluso en patrones de energía que no corresponden a ningún fenómeno conocido por la física actual. Es en estos detalles donde la realidad comienza a diferenciarse del mito.

Una de las razones por las que este tema ha sido tan difícil de abordar de manera científica es porque, en muchos casos, las evidencias son escasas, fragmentarias, o han sido objeto de encubrimientos. No obstante, cuando nos alejamos de las representaciones exageradas y nos enfocamos en los aspectos más mundanos y verificables, comenzamos a vislumbrar lo que podría ser una interacción real con tecnologías que no fueron concebidas en nuestro planeta.

El desafío de lo desconocido

Uno de los mayores retos al estudiar la tecnología extraterrestre es que, por su propia naturaleza, está más allá de nuestra comprensión actual. La tecnología humana ha avanzado a pasos agigantados en el último siglo, pero todavía estamos limitados por las leyes de la física y la química tal como las entendemos. La tecnología extraterrestre, en cambio, podría operar bajo principios completamente diferentes, utilizando materiales, fuentes de energía, y mecanismos que aún no hemos descubierto.

Por ejemplo, pensemos en el hipotético caso de un material extraterrestre que puede cambiar su forma y resistencia al aplicarle diferentes tipos de energía. Este material podría parecer mágico o imposible para un científico actual, pero en realidad podría ser una manifestación de física avanzada que simplemente no hemos alcanzado todavía. En este sentido, la tecnología extraterrestre no solo desafía nuestra capacidad técnica, sino que también expande las fronteras de nuestra ciencia, empujándonos a reconsiderar lo que es posible.

La importancia de una mente abierta

Al abordar el estudio de la tecnología extraterrestre, es crucial mantener una mente abierta, pero también crítica. Debemos estar dispuestos a cuestionar nuestras propias suposiciones sobre lo que es posible y lo que no, sin caer en el sensacionalismo ni en el escepticismo absoluto. La verdadera ciencia se basa en la observación, la experimentación, y la disposición para seguir la evidencia, incluso si esta nos lleva a lugares inesperados.

Este libro pretende ofrecer un marco claro y accesible para entender cómo la tecnología extraterrestre podría estar ya presente en nuestro mundo, y cómo ha sido (o podría ser) ocultada, estudiada y, en algunos casos, incluso replicada. En este primer capítulo, hemos definido lo que entendemos por tecnología extraterrestre, y hemos sentado las bases para una exploración más profunda de los casos, teorías y evidencias que han surgido a lo largo de los años.

Con esta base en mente, estamos listos para adentrarnos en los detalles de algunos de los casos más emblemáticos y en las tecnologías más desconcertantes que, según se dice, podrían estar entre nosotros, esperando a ser comprendidas y, quizás, utilizadas para cambiar nuestro futuro.

Primera toma de contacto

Casos iniciales que plantearon dudas sobre la tecnología humana.

Desde los primeros días de la era moderna, han existido reportes de fenómenos que, a simple vista, parecían desafiar la tecnología y la ciencia conocidas por la humanidad. Estos incidentes, que comenzaron a captar la atención del público y de las autoridades, despertaron una creciente curiosidad y, en algunos casos, temor. La idea de que ciertos objetos, dispositivos o materiales podían no ser de origen humano empezó a tomar forma a partir de una serie de eventos que, por sus características, simplemente no podían ser explicados con las tecnologías disponibles en aquel momento.

Uno de los primeros y más significativos casos que sembraron la duda sobre la exclusividad de la tecnología humana fue el famoso incidente de Roswell en 1947. Aunque en un principio fue reportado como la recuperación de los restos de un "globo meteorológico", las circunstancias que rodearon este evento dejaron más preguntas que respuestas. Testigos presenciales, entre ellos personal militar, describieron el hallazgo de materiales extraños en el desierto de Nuevo México, materiales que no correspondían a ninguna tecnología terrestre conocida en esa época. Estas descripciones incluían piezas metálicas ligeras pero increíblemente resistentes, y fragmentos que parecían tener propiedades que desafiaban las leyes de la física tal como se entendían entonces.

El incidente de Roswell no fue un caso aislado. En los años siguientes, se reportaron múltiples avistamientos de objetos voladores no identificados en diversas partes del mundo, particularmente en áreas de alta importancia militar o científica. Muchos de estos avistamientos ocurrieron durante la Guerra Fría, un periodo de intenso desarrollo tecnológico y espionaje entre las superpotencias. Sin embargo, lo que diferenciaba estos incidentes de simples errores de identificación o fenómenos naturales era la consistencia en los relatos de testigos oculares que, a menudo, incluían pilotos, ingenieros y personal militar altamente capacitado.

Por ejemplo, en 1952, durante la llamada "Oleada OVNI de Washington", varios objetos no identificados fueron detectados simultáneamente por radares militares y observados visualmente sobre la capital de Estados Unidos. Estos objetos realizaban maniobras imposibles para cualquier aeronave humana de la época, incluyendo cambios de dirección a altas velocidades y movimientos abruptos que no generaban explosiones sónicas, algo que hubiera sido inevitable si estos objetos fueran aviones convencionales. A pesar de la explicación oficial que atribuyó estos avistamientos a anomalías atmosféricas, muchos expertos en aviación y radar no quedaron satisfechos con esa conclusión, planteando dudas sobre lo que realmente había sobrevolado Washington durante esos días.

Otro caso que causó un impacto significativo fue el de las "luces de Lubbock" en 1951, en Texas. Un grupo de profesores universitarios y numerosos residentes observaron una formación de luces volando en patrones precisos sobre la ciudad, movimientos que no podían ser replicados por ninguna aeronave conocida en ese momento. Fotografías tomadas por testigos mostraron un fenómeno que no solo era impresionante, sino también inexplicable con la tecnología de la época. Las investigaciones posteriores no lograron proporcionar una explicación concluyente, dejando abierto el debate sobre la naturaleza de estos objetos.

Estos casos, junto con otros menos conocidos pero igualmente desconcertantes, comenzaron a construir un archivo creciente de evidencia que sugería la presencia de algo más allá de nuestras capacidades tecnológicas. Para muchos, estos incidentes fueron el primer indicio de que no éramos los únicos seres avanzados en el universo, y que quizás, habíamos tropezado con fragmentos de tecnologías que estaban muy por delante de nuestro tiempo.

A medida que más casos comenzaron a emerger, una creciente comunidad de científicos, militares y civiles empezó a investigar seriamente la posibilidad de que algunas de estas tecnologías no solo fueran reales, sino que podrían ser de origen no humano. Aunque enfrentaron escepticismo y, en muchos casos, abierta hostilidad, su trabajo ayudó a establecer las bases de lo que más tarde se convertiría en un campo de estudio más formal y organizado.

Estos primeros encuentros con lo inexplicable marcaron el comienzo de una nueva era en la que las dudas sobre la exclusividad de la tecnología humana ya no podían ser fácilmente descartadas. Si bien muchos de estos eventos aún permanecen envueltos en misterio y especulación, son una parte crucial de la narrativa que nos lleva a cuestionar y explorar la verdadera naturaleza de las tecnologías que podrían no haber sido desarrolladas en nuestro mundo.

A lo largo de la historia, el conocimiento ha sido un recurso tan poderoso como el oro o el petróleo. Quien controla el conocimiento, controla el poder. En este contexto, la existencia de tecnología extraterrestre representa uno de los secretos mejor guardados de la humanidad, no solo por su capacidad de transformar nuestra comprensión del universo, sino por las profundas implicaciones que su revelación podría tener en la estructura misma de nuestra sociedad. Las razones para ocultar esta tecnología son múltiples y complejas, y se entrelazan en un entramado de poder, control y seguridad que ha perdurado durante décadas.

En primer lugar, el descubrimiento de tecnología extraterrestre plantea un desafío directo a las bases del conocimiento científico actual. La ciencia, como disciplina, se construye sobre la acumulación de pruebas y la validación de teorías dentro de un marco de comprensión establecido. La aparición de tecnologías que contradicen o superan este marco podría desestabilizar todo lo que creemos saber sobre la física, la química, la biología, y otras ciencias fundamentales. Revelar la existencia de tecnología que no se ajusta a nuestras leyes conocidas no solo podría provocar un caos en la comunidad científica, sino también en la educación y en la percepción pública de lo que es posible. Los responsables de tomar decisiones pueden considerar que la sociedad no está preparada para un cambio tan radical en su cosmovisión.

Además, las implicaciones de seguridad nacional son una razón crítica para mantener en secreto cualquier tecnología de origen extraterrestre. Las potencias mundiales han comprendido desde hace mucho tiempo que el acceso exclusivo a tecnología avanzada proporciona una ventaja estratégica significativa. Si una nación fuera capaz de dominar una tecnología que permita la antigravedad, la energía ilimitada, o sistemas de defensa impenetrables, podría alterar drásticamente el equilibrio de poder global. Por lo tanto, los gobiernos, especialmente los de las naciones más poderosas, han optado por mantener estas tecnologías en la sombra, reservándolas para un uso estratégico o militar que les garantice la supremacía sobre sus adversarios.

Otra razón fundamental para el secretismo es el control económico. La liberación de tecnologías que podrían, por ejemplo, proporcionar energía ilimitada o revolucionar los sistemas de transporte, tendría un impacto devastador en las industrias tradicionales. Las empresas y corporaciones que hoy dominan sectores clave como la energía, la automoción, o la fabricación de alta tecnología, verían sus modelos de negocio amenazados por tecnologías que podrían hacer obsoletas las formas actuales de producción y consumo. Para evitar un colapso económico o una disrupción masiva, los intereses corporativos, en alianza con entidades gubernamentales, han tenido motivos para mantener estas tecnologías fuera del alcance público.

También debemos considerar las implicaciones sociales y religiosas. La aceptación de que no estamos solos en el universo, y que otras civilizaciones más avanzadas nos han visitado o influenciado, podría desestabilizar sistemas de creencias profundamente arraigados en nuestra cultura. Religiones, ideologías y estructuras sociales que se han desarrollado durante milenios podrían verse cuestionadas, llevando a una crisis de identidad colectiva. El miedo a la pérdida de control sobre una población que podría reaccionar con pánico, desconfianza, o incluso con desobediencia civil, ha sido un factor determinante en la decisión de mantener estos secretos bien guardados.

Finalmente, existe un componente psicológico. La humanidad, aunque curiosa por naturaleza, también tiene un límite en su capacidad para aceptar lo desconocido. La revelación de tecnologías que superan con creces nuestra comprensión podría generar una reacción de incredulidad, miedo o incluso rechazo. Los encargados de manejar esta información podrían pensar que, al mantener en secreto la existencia de estas tecnologías, están protegiendo a la sociedad de una verdad que podría ser demasiado abrumadora para procesar de manera constructiva.

En resumen, las razones para ocultar la tecnología extraterrestre se basan en una combinación de protección de la estabilidad social, preservación del poder geopolítico, control económico, y gestión del conocimiento. El secreto, en este contexto, no es simplemente una cuestión de esconder información; es un mecanismo para gestionar las consecuencias potenciales de un conocimiento que podría alterar radicalmente la estructura de nuestra civilización. Mantener estos secretos ocultos ha sido, para aquellos en el poder, una forma de preservar el status quo en un mundo donde el descubrimiento de lo extraterrestre podría cambiarlo todo de un día para otro.

La ingeniería inversa es un proceso fascinante y, en muchos casos, enigmático, que ha sido clave en la comprensión y replicación de tecnologías avanzadas, incluyendo aquellas que podrían tener un origen extraterrestre. En su esencia, la ingeniería inversa implica descomponer un objeto o sistema en sus componentes básicos para entender cómo funciona. Luego, este conocimiento se utiliza para recrear, mejorar o adaptar la tecnología original para nuevos propósitos. Aunque este proceso es común en la tecnología convencional, su aplicación a tecnologías que no pertenecen a nuestro mundo presenta desafíos únicos y significativos.

Cuando un dispositivo o material potencialmente extraterrestre es recuperado, el primer paso en la ingeniería inversa es un análisis exhaustivo de sus componentes físicos. Este análisis puede comenzar con la observación de sus propiedades básicas: peso, densidad, composición material, y reacciones a estímulos como el calor, la electricidad, o los campos magnéticos. En algunos casos, se han encontrado materiales que no coinciden con ningún elemento conocido en la Tierra o que presentan propiedades sorprendentes, como la capacidad de cambiar de forma o resistencia bajo ciertas condiciones. Estos hallazgos, por supuesto, presentan un desafío formidable, ya que no existen manuales o referencias para guiar a los científicos en su estudio.

El siguiente paso en el proceso de ingeniería inversa es la desmontaje o disgregación del objeto en sus partes constituyentes. Si hablamos de un dispositivo complejo, como una máquina o un artefacto, esto podría implicar el desensamblaje cuidadoso de cada componente para entender su función dentro del sistema. Sin embargo, en el caso de tecnologías extraterrestres, este paso es particularmente delicado. Muchos de estos dispositivos parecen estar construidos con una integración tan avanzada que cualquier intento de desmontarlos con herramientas convencionales podría resultar en la destrucción del objeto o en la pérdida de información crucial.

En algunos relatos y casos documentados, los ingenieros han tenido que desarrollar nuevas herramientas o tecnologías para poder trabajar con estos materiales y dispositivos. Por ejemplo, ciertos metales o aleaciones que parecen impenetrables con las técnicas de corte y análisis tradicionales han requerido el desarrollo de métodos avanzados, como la utilización de láseres de alta potencia o resonancias específicas de energía, para estudiar su estructura interna sin dañarlos.

Una vez que se han identificado y comprendido los componentes básicos, el siguiente desafío es descifrar cómo estos interactúan entre sí para producir el resultado final. Aquí es donde entra en juego la verdadera genialidad de la ingeniería inversa. Los científicos e ingenieros no solo deben comprender las funciones de cada pieza, sino también la lógica detrás de su diseño. Esto es especialmente complejo cuando se trata de tecnología que podría operar bajo principios físicos o químicos que no son aún comprendidos por la ciencia humana.

Por ejemplo, en el caso hipotético de un sistema de propulsión antigravitacional, el desafío no es solo replicar el mecanismo que permite la suspensión o el movimiento en ausencia de gravedad, sino también entender la teoría subyacente que permite que ese fenómeno ocurra. Esto podría implicar el estudio de energías o partículas que no forman parte de nuestro conocimiento actual de la física. En muchos casos, los ingenieros han tenido que recurrir a la creación de nuevos modelos teóricos para explicar lo que están observando, una tarea que requiere tanto innovación como un alto grado de creatividad científica.

Una vez que se ha logrado una comprensión funcional de la tecnología, el siguiente paso es intentar replicarla. Esta fase puede ser la más compleja, ya que no siempre es posible recrear con exactitud los materiales o procesos involucrados. En algunos casos, se han logrado avances significativos al combinar elementos de la tecnología extraterrestre con tecnologías humanas existentes, creando híbridos que, si bien no alcanzan el nivel original, representan un paso adelante en nuestra propia evolución tecnológica.

Por supuesto, este proceso de replicación no está exento de riesgos. Las tecnologías avanzadas pueden ser inestables o peligrosas si no se comprenden completamente. Existen informes que sugieren que, en ciertos casos, los intentos de replicar o activar dispositivos extraterrestres han resultado en accidentes o fenómenos inesperados, lo que subraya la necesidad de un enfoque extremadamente cauteloso en este tipo de trabajo.

Finalmente, es importante reconocer que la ingeniería inversa de tecnología extraterrestre no ocurre en un vacío. Está rodeada de secretismo y, a menudo, es llevada a cabo en instalaciones de alta seguridad por equipos que operan bajo estrictos protocolos de confidencialidad. Esto significa que los avances realizados en este campo no se filtran fácilmente al público, y los resultados exitosos son utilizados de manera estratégica, a menudo en aplicaciones militares o en sectores de alto nivel tecnológico donde el impacto de su divulgación puede ser controlado cuidadosamente.

La ingeniería inversa de tecnología extraterrestre es un proceso que va mucho más allá de la simple replicación de dispositivos. Implica un profundo esfuerzo para entender tecnologías que podrían estar siglos adelantadas a las nuestras, un desafío que requiere una combinación de ciencia avanzada, innovación creativa y un manejo extremadamente cuidadoso de los riesgos asociados. A través de este proceso, la humanidad no solo ha aprendido a replicar fragmentos de estas tecnologías, sino que también ha dado pasos importantes hacia una nueva era de descubrimientos, algunos de los cuales podrían estar esperando el momento adecuado para ser revelados al mundo.

Capítulo 2
Los Primeros Encuentros

El incidente de Roswell, ocurrido en 1947, es sin duda uno de los eventos más emblemáticos en la historia de los encuentros con lo desconocido, un suceso que marcó un antes y un después en la percepción pública sobre la posibilidad de que no estamos solos en el universo. Aunque ha sido objeto de especulación, debate y, en algunos casos, desinformación, el incidente de Roswell sigue siendo un punto de referencia crucial para entender el fenómeno de la tecnología extraterrestre y cómo se ha manejado su revelación (o más bien su ocultación) a lo largo de las décadas.

Todo comenzó en julio de 1947, cuando algo extraño se estrelló en un rancho cerca de la pequeña ciudad de Roswell, en el estado de Nuevo México. Lo que inicialmente se reportó como el hallazgo de un "platillo volador" pronto se convirtió en una de las historias más contradictorias y misteriosas de la época. Las primeras declaraciones oficiales del ejército de los Estados Unidos reconocieron que se había recuperado un objeto de origen desconocido, lo que generó una ola de interés y especulación en los medios de comunicación. Sin embargo, en cuestión de horas, esta narrativa fue retractada, y se presentó una nueva versión que afirmaba que los restos encontrados eran simplemente de un globo meteorológico caído.

A pesar de esta rápida rectificación, las inconsistencias en la historia y los testimonios de testigos presenciales comenzaron a levantar sospechas. Los restos recuperados, según los relatos de aquellos que tuvieron la oportunidad de verlos antes de que fueran confiscados por el ejército, incluían materiales que no se asemejaban a nada conocido en ese momento: metales extremadamente ligeros pero increíblemente fuertes, láminas que no podían ser cortadas ni quemadas, y otros fragmentos con propiedades que parecían desafiar las leyes de la física convencional. Estos detalles no cuadraban con la explicación oficial, lo que llevó a muchos a creer que lo que se estrelló en Roswell no era simplemente un globo, sino algo mucho más avanzado.

Con el tiempo, se supo que el área de Roswell no era un lugar cualquiera; estaba cerca del Campo Aéreo del Ejército de Roswell, que en aquel entonces era una de las bases militares más importantes de los Estados Unidos, especialmente en lo que respecta a la investigación y desarrollo de nuevas tecnologías. Esto alimentó aún más las teorías de que el objeto recuperado podría haber sido de gran importancia estratégica y tecnológica. La forma en que las autoridades manejaron el incidente – desde la rápida intervención militar hasta la censura de los medios de comunicación locales y la intimidación de los testigos – sugiere que había un interés muy particular en mantener el control sobre la información que se filtraba al público.

Uno de los aspectos más intrigantes del incidente de Roswell es el testimonio de algunos oficiales militares que afirmaron haber visto no solo los restos de un objeto volador no identificado, sino también cuerpos. Según estas versiones, que se conocieron años después, los cuerpos recuperados no eran humanos. Aunque estas afirmaciones han sido fuertemente debatidas y, en muchos casos, desacreditadas por fuentes oficiales, continúan siendo una parte fundamental del mito de Roswell, alimentando la creencia de que el gobierno no solo recuperó tecnología avanzada, sino también pruebas de vida extraterrestre.

El manejo del incidente de Roswell estableció un patrón que se repetiría en los años venideros: la rápida contención de cualquier evidencia física, la desinformación dirigida a confundir a la opinión pública y la intimidación de testigos clave. Este patrón, que puede interpretarse como una estrategia de encubrimiento, ha llevado a muchos a sospechar que las autoridades poseen un conocimiento mucho más profundo sobre el fenómeno OVNI del que están dispuestas a admitir.

Roswell se ha convertido en un símbolo, no solo del encuentro con lo desconocido, sino también de la manera en que ese encuentro fue gestionado y ocultado. La versión oficial del incidente ha sido cuestionada repetidamente, y aunque algunos documentos desclasificados en las últimas décadas han arrojado nueva luz sobre lo sucedido, la verdadera naturaleza de lo que se estrelló en el desierto de Nuevo México en 1947 sigue siendo objeto de especulación.

El incidente de Roswell no solo cambió la forma en que la sociedad ve el fenómeno OVNI, sino que también marcó el comienzo de una era de secretismo y control de la información en torno a la tecnología extraterrestre. Desde entonces, la posibilidad de que gobiernos y fuerzas militares hayan estado en contacto con tecnologías avanzadas de origen no humano ha pasado de ser una idea marginal a convertirse en una parte fundamental de las teorías sobre lo que realmente sucedió aquel día de verano en el suroeste de los Estados Unidos.

Para muchos, Roswell no es solo un capítulo en la historia de los OVNIs, sino el primer gran indicio de que hay mucho más en juego en nuestra comprensión del universo de lo que se nos ha permitido saber. Este incidente ha dejado una marca indeleble en la cultura popular y en la investigación seria sobre el fenómeno extraterrestre, invitando a generaciones de investigadores y curiosos a mirar más allá de la explicación oficial y a cuestionar lo que se nos ha dicho sobre nuestra soledad en el cosmos.

El manejo gubernamental de los restos extraterrestres, especialmente en el contexto del incidente de Roswell y otros eventos similares, ha sido un tema de gran controversia y especulación a lo largo de las décadas. La manera en que estos restos fueron recuperados y ocultados sugiere un esfuerzo deliberado y bien coordinado para mantener cualquier evidencia fuera del alcance del público y, en muchos casos, incluso fuera del conocimiento de la mayoría de los funcionarios gubernamentales. Esta operación de ocultamiento ha generado un manto de secretismo que ha alimentado innumerables teorías sobre lo que realmente ocurrió y cuál es la verdadera magnitud del conocimiento que se está manteniendo en secreto.

En el caso de Roswell, la recuperación de los restos fue manejada con una velocidad y eficiencia sorprendentes. Tras el primer reporte del hallazgo por parte del ranchero que encontró los restos, las fuerzas militares fueron desplegadas rápidamente en la zona. Testigos locales relataron haber visto convoyes de vehículos militares trasladando los materiales hacia la base aérea cercana. Esta respuesta inmediata sugiere que el objeto caído no era considerado un artefacto común, sino algo que requería una atención especial y un manejo extremadamente cuidadoso.

Una vez en la base, los restos fueron sometidos a un riguroso proceso de clasificación y análisis. Aquí es donde la operación de ocultamiento realmente comenzó a tomar forma. Todo el personal involucrado en la recuperación y el análisis de los restos fue sometido a estrictas órdenes de silencio, muchas veces respaldadas por amenazas legales y, en algunos casos, por presiones más sutiles, como la sugerencia de que hablar sobre lo que habían visto podría tener graves consecuencias para ellos y sus familias. Los informes iniciales que habían sido enviados a la prensa fueron rápidamente retractados, y la narrativa oficial fue modificada para minimizar el evento, atribuyéndolo a un simple globo meteorológico.

Los restos en sí fueron trasladados a instalaciones de alta seguridad, probablemente a lugares como la famosa Área 51 o la Base de la Fuerza Aérea Wright-Patterson, donde podrían ser estudiados sin la intromisión de ojos curiosos. Estas instalaciones están diseñadas para manejar materiales y tecnologías altamente sensibles, y operan bajo un nivel de secreto tan elevado que incluso los proyectos que allí se llevan a cabo son desconocidos para la mayoría de los altos funcionarios del gobierno. Es en estos lugares donde, según muchos informes, los restos extraterrestres han sido analizados minuciosamente, descompuestos y, en algunos casos, utilizados para desarrollar nuevas tecnologías.

El proceso de ocultamiento también involucró una campaña de desinformación. A lo largo de los años, las autoridades han mezclado hechos con ficción, lanzando teorías contradictorias y desacreditando a testigos clave, todo con el objetivo de sembrar confusión y hacer que cualquier investigación seria sobre el tema parezca poco fiable o incluso ridícula. Los testimonios de aquellos que afirmaban haber participado en la recuperación o haber visto los restos han sido sistemáticamente cuestionados, y en muchos casos, se les ha desacreditado públicamente, creando un clima de escepticismo que dificulta distinguir entre la realidad y la fantasía.

Además, el control sobre la información ha sido tan estricto que muchos documentos relacionados con estos incidentes han sido clasificados durante décadas, y cuando finalmente han sido desclasificados, a menudo han aparecido tan redactados que ofrecen poco o ningún detalle útil. Esta práctica no solo refuerza la percepción de que hay algo significativo que ocultar, sino que también impide que los investigadores independientes obtengan una imagen clara de lo que realmente ocurrió.

La ocultación no se limita solo a la tecnología y los materiales recuperados. También se ha extendido al manejo de los posibles encuentros biológicos que podrían haber ocurrido. Los relatos sobre la recuperación de cuerpos no humanos, aunque controvertidos, han sido parte del folclore en torno a Roswell y otros incidentes. Si estos cuerpos efectivamente existieron, habrían sido sometidos a un estudio tan riguroso y secreto como los materiales tecnológicos, y cualquier conocimiento derivado de tales estudios habría sido celosamente guardado.

El motivo detrás de este extensivo programa de recuperación y ocultación parece claro: mantener el control absoluto sobre una tecnología que podría alterar radicalmente el equilibrio de poder en el mundo. La posibilidad de que otras naciones, grupos privados o incluso el público general obtuvieran acceso a estas tecnologías habría representado una amenaza demasiado grande para los intereses establecidos. De este modo, el secretismo no solo protege estas tecnologías de caer en manos no autorizadas, sino que también asegura que quienes poseen este conocimiento puedan explotarlo para sus propios fines, ya sean estos militares, económicos o estratégicos.

En definitiva, el manejo gubernamental de los restos extraterrestres ha sido una operación meticulosamente planeada y ejecutada, cuyo principal objetivo ha sido mantener la posesión y el control sobre una tecnología que podría estar décadas, si no siglos, por delante de nuestra propia ciencia. Este esfuerzo de ocultamiento ha involucrado no solo a agencias militares y de inteligencia, sino también a corporaciones privadas y científicos que trabajan bajo estrictas condiciones de confidencialidad. La verdadera magnitud de lo que se ha ocultado puede que nunca sea completamente revelada, pero el impacto de estas acciones sigue resonando en las teorías y en el debate sobre la naturaleza de nuestra interacción con lo extraterrestre.

Las primeras observaciones de materiales y dispositivos que parecían no pertenecer a la Tierra marcaron un punto de inflexión en nuestra comprensión de lo que podría estar más allá de nuestro planeta. Estos descubrimientos, aunque envueltos en un velo de secretismo, han sido descritos por testigos y en informes filtrados, y representan un desafío directo a la tecnología y los conocimientos científicos que poseíamos en ese momento.

Uno de los materiales más intrigantes recuperados durante el incidente de Roswell fue un tipo de metal que, según los relatos, poseía propiedades asombrosas. Este material, descrito como extremadamente ligero y delgado, parecía ser increíblemente resistente, al punto de que no podía ser cortado, doblado ni quemado por los métodos convencionales de la época. Los testigos mencionaron que el metal volvía a su forma original después de ser arrugado, como si tuviera memoria, una característica que no coincidía con ningún material conocido en ese entonces. Este tipo de "metal con memoria" ha sido objeto de estudio durante décadas y ha llevado a avances en lo que hoy conocemos como aleaciones con memoria de forma, aunque la versión terrestre aún está lejos de replicar las propiedades descritas en esos informes iniciales.

Otro hallazgo significativo fueron los fragmentos de lo que parecían ser circuitos integrados o dispositivos electrónicos, mucho más avanzados que cualquier cosa que se conociera en 1947. Estos dispositivos no solo eran más pequeños y compactos que la tecnología electrónica de la época, sino que también parecían operar bajo principios que desafiaban la comprensión convencional. Por ejemplo, algunos relatos sugieren que estos circuitos no necesitaban una fuente de energía convencional para funcionar, y que podían interactuar con el entorno de maneras inexplicables para la tecnología humana del momento. La miniaturización extrema y la sofisticación de estos componentes inspiraron una nueva era en la ingeniería electrónica, aunque siempre ha existido la sospecha de que parte de nuestra rápida evolución en este campo podría haber sido influenciada por estos descubrimientos iniciales.

Además de los metales y los dispositivos electrónicos, también se mencionaron materiales con propiedades ópticas y electromagnéticas inusuales. Por ejemplo, se encontraron fragmentos que parecían comportarse como conductores de electricidad en circunstancias específicas, pero que actuaban como aislantes en otras. Estos materiales desafiaban las categorías simples de la ciencia de materiales, lo que llevó a la idea de que estábamos tratando con tecnologías diseñadas para operar en condiciones o con principios físicos completamente diferentes a los nuestros.

Uno de los dispositivos más mencionados en estos primeros informes era algo que los testigos describieron como un tipo de "panel de control" con símbolos extraños y superficies que parecían responder al tacto de una manera similar a lo que hoy conocemos como pantallas táctiles, pero décadas antes de que esta tecnología se desarrollara en la Tierra. Este dispositivo, aparentemente simple en apariencia, no tenía botones ni interruptores visibles, y su funcionamiento parecía ser casi intuitivo, adaptándose a la interacción humana de formas que aún no comprendemos del todo.

Otro componente que ha llamado la atención en estos relatos iniciales es la existencia de fibras y tejidos con propiedades extraordinarias. Estos materiales, aparentemente biotecnológicos, podían cambiar su estructura o comportamiento en respuesta a estímulos eléctricos o químicos, sugiriendo que podrían haber sido diseñados para interactuar con organismos vivos o para fines específicos que aún no comprendemos. Estas fibras mostraban una resistencia y durabilidad sin precedentes, y se especula que podrían haber influido en el desarrollo de materiales sintéticos avanzados que usamos hoy en día.

El análisis de estos materiales y dispositivos recuperados no solo planteó preguntas sobre su origen, sino también sobre las intenciones detrás de su diseño. Cada fragmento recuperado y cada dispositivo analizado revelaba un nivel de sofisticación que sugería un conocimiento avanzado de la ciencia y la ingeniería, posiblemente cientos o miles de años por delante de nuestra tecnología. Este nivel de avance llevó a la conclusión de que estas tecnologías no eran meramente producto de una civilización más avanzada, sino que podían estar adaptadas a un entorno o a una física que aún no hemos logrado comprender completamente.

Lo más impactante de estas primeras observaciones fue la implicación de que nuestra ciencia, por avanzada que creíamos que era en aquel entonces, estaba aún en sus primeras etapas comparada con lo que se había encontrado. Los esfuerzos por comprender y replicar estos materiales y dispositivos dieron lugar a una nueva ola de investigación científica y desarrollo tecnológico que, aunque oficialmente ha sido atribuida a avances humanos, siempre ha estado bajo la sombra de estas primeras recuperaciones.

A medida que se fueron identificando más tecnologías, quedó claro que los restos encontrados no solo representaban un salto tecnológico, sino también un desafío a nuestra comprensión fundamental del mundo. La ingeniería inversa de estos materiales y dispositivos se convirtió en una prioridad para quienes estaban al tanto de su existencia, con la esperanza de que al desentrañar sus secretos, podríamos no solo cerrar la brecha tecnológica, sino también abrir nuevas fronteras en la ciencia y en nuestro entendimiento del universo.

Las primeras observaciones de estos materiales y dispositivos no terrestres marcaron el inicio de un nuevo capítulo en la historia de la tecnología humana. Aunque gran parte de lo que se descubrió permanece envuelto en secreto, el impacto de estos hallazgos ha sido profundo, impulsando avances en múltiples campos de la ciencia y la tecnología, y dejando claro que lo que se esconde tras el velo del misterio es algo que aún desafía nuestra comprensión y que podría tener el potencial de redefinir el futuro de la humanidad.

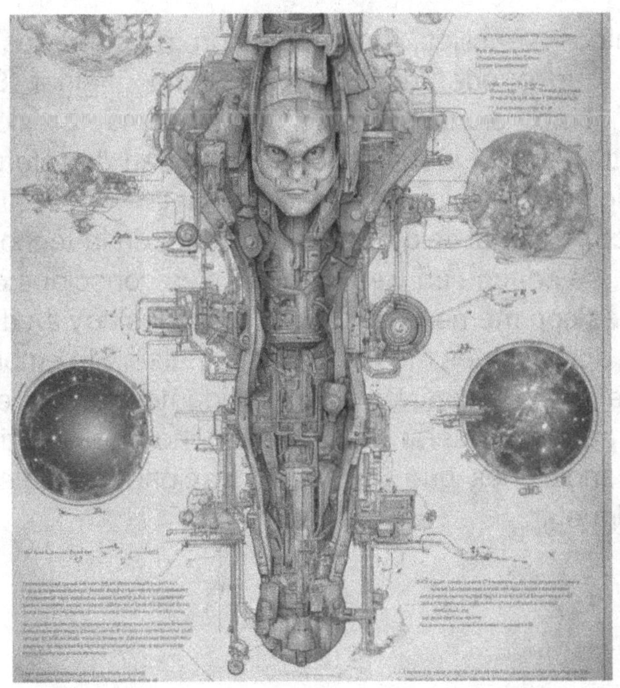

Capítulo 3
Materiales Desconocidos

Uno de los descubrimientos más intrigantes que surgieron de los primeros encuentros con lo que parecían ser restos de tecnología no terrestre fue el hallazgo de metales con propiedades extraordinarias, a menudo descritos como "metales con memoria". Estos materiales, a primera vista, podían parecer simples fragmentos de metal, pero lo que los hacía realmente notables era su capacidad para volver a su forma original después de ser deformados. Esta característica desafía nuestra comprensión convencional de las propiedades de los metales y sugiere la existencia de una tecnología de materiales muy avanzada.

En términos sencillos, un metal con memoria es una aleación que puede "recordar" su forma original. Si se deforma bajo ciertas condiciones —como presión o temperatura—, este metal tiene la capacidad de retornar a su configuración inicial cuando se aplica un estímulo específico, como el calor. Esta propiedad, en la tecnología terrestre, se conoce en ciertos materiales conocidos como aleaciones con memoria de forma, utilizadas hoy en día en diversas aplicaciones médicas e industriales. Sin embargo, los materiales encontrados en incidentes como el de Roswell parecían operar a un nivel mucho más sofisticado y bajo condiciones que nuestras aleaciones actuales no pueden igualar.

Lo que hace a estos metales tan fascinantes es cómo parecen desafiar las leyes de la física tal como las conocemos. En la Tierra, las aleaciones con memoria de forma son el resultado de complejas interacciones a nivel atómico, que dependen de una estructura cristalina muy específica que puede ser alterada y luego restaurada bajo condiciones controladas. Sin embargo, los metales recuperados en estos incidentes mostraban propiedades que no solo eran sorprendentes por su resistencia y flexibilidad, sino también por su aparente invulnerabilidad a métodos de análisis y manipulación convencionales.

Por ejemplo, testigos que tuvieron acceso a estos materiales describieron cómo podían doblar y arrugar fragmentos de metal que, tras ser soltados, volvían instantáneamente a su forma original sin mostrar signos de deformación o desgaste. Esto no solo es inusual, sino que sugiere un control del comportamiento del material a un nivel que supera lo que es posible con la metalurgia conocida. La capacidad de un metal para soportar deformaciones severas y regresar a su forma original sin sufrir daños indica que podría estar compuesto por una estructura atómica o molecular extremadamente avanzada, posiblemente diseñada para adaptarse a condiciones extremas, ya sea en la atmósfera terrestre o en el espacio.

Además, estos metales parecían ser increíblemente ligeros a pesar de su notable resistencia. La combinación de baja densidad y alta durabilidad es un rasgo que desafía nuestras nociones tradicionales de ingeniería de materiales, donde generalmente un material resistente tiende a ser pesado y uno ligero suele ser más frágil. Este equilibrio inusual sugiere que estos metales fueron diseñados con un propósito específico en mente, posiblemente para ser utilizados en estructuras que requieren una combinación de fuerza y ligereza, como las fuselajes de naves espaciales o componentes sometidos a fuerzas extremas en condiciones atmosféricas o gravitacionales inusuales.

Otro aspecto intrigante de estos metales es su respuesta a diferentes formas de energía. Hay informes que sugieren que algunos de estos fragmentos reaccionan de manera inusual a la aplicación de campos magnéticos, electricidad o incluso luz. Estas reacciones no solo son indicativas de una composición exótica, sino que también podrían señalar la existencia de propiedades piezoeléctricas o termoeléctricas avanzadas, que podrían permitir que estos materiales se utilicen como sensores o actuadores en tecnologías que no podemos replicar con los materiales disponibles en la Tierra.

La existencia de metales con memoria de origen no terrestre no solo representa un desafío para la ciencia de materiales, sino también una oportunidad para la ingeniería inversa. Los científicos que han tenido acceso a estos materiales han intentado replicar sus propiedades en laboratorios terrestres, con resultados que, si bien han avanzado nuestra comprensión de las aleaciones con memoria de forma, aún están lejos de igualar las capacidades de los originales. La posibilidad de que estos metales sean producidos utilizando procesos o tecnologías completamente desconocidos plantea preguntas fundamentales sobre la procedencia de estos materiales y el conocimiento científico detrás de su creación.

Los metales con memoria que se han recuperado de incidentes relacionados con tecnología extraterrestre representan una frontera en nuestra comprensión de la ciencia de materiales. Estos fragmentos, aunque aparentemente simples, esconden complejidades que desafían las leyes físicas conocidas y nos invitan a reconsiderar lo que es posible en la ingeniería de materiales. A medida que continuamos explorando y experimentando con estas aleaciones, no solo buscamos replicar sus propiedades, sino también comprender la ciencia avanzada que permitió su creación. Este conocimiento podría no solo revolucionar la tecnología tal como la conocemos, sino también ofrecernos un vistazo a las capacidades tecnológicas de civilizaciones que, posiblemente, estén mucho más avanzadas que la nuestra.

Uno de los hallazgos más sorprendentes en el estudio de tecnologías y materiales posiblemente no terrestres es la existencia de compuestos avanzados que no solo desafían nuestras nociones de resistencia y durabilidad, sino que también parecen tener la capacidad de absorber energía y regenerarse. Estos materiales, que podrían parecer propios de la ciencia ficción, ofrecen un vistazo a un nivel de ingeniería de materiales que supera con creces lo que actualmente podemos lograr en la Tierra.

Imagina un material que, cuando se somete a un impacto o daño, no solo absorbe la energía del golpe, sino que, en lugar de fracturarse o deformarse permanentemente, se repara a sí mismo, regresando a su estado original. Esta capacidad de auto-regeneración es algo que la humanidad ha soñado desde hace mucho tiempo, especialmente en campos como la medicina o la construcción, pero los materiales encontrados en ciertos incidentes parecen llevar esta idea a una realidad tangible.

Estos compuestos avanzados han sido descritos en varios informes como materiales que, tras sufrir daños, como cortes o impactos, comienzan a reconstruirse automáticamente. Este proceso de regeneración podría implicar la reorganización de sus moléculas o la activación de algún tipo de respuesta interna que redistribuye los componentes dañados para restaurar su integridad estructural. Lo más asombroso es que este proceso ocurre sin intervención externa, lo que indica que el material está programado, por decirlo de alguna manera, para mantener su forma y función a pesar del daño.

La capacidad de absorción de energía también es una característica fundamental de estos materiales. En lugar de dispersar la energía en forma de calor, vibración o fractura —como ocurre con los materiales convencionales—, estos compuestos parecen poder almacenar o canalizar la energía de manera controlada. Esto sugiere que podrían estar diseñados para interactuar con su entorno de una manera muy específica, absorbiendo energía que de otro modo sería destructiva y utilizándola para su propia regeneración o para otros fines. En algunos casos, estos materiales han mostrado la capacidad de volverse incluso más fuertes después de absorber energía, lo que podría ser indicativo de un proceso de adaptación que aún no comprendemos del todo.

El principio detrás de estos materiales podría estar relacionado con fenómenos que apenas estamos comenzando a explorar, como la bioingeniería avanzada o la nanotecnología. Es posible que estos compuestos operen a un nivel molecular o incluso subatómico, donde las fuerzas que mantienen su estructura son significativamente diferentes a las que controlan los materiales terrestres. La idea de que un material pueda ser diseñado no solo para resistir el daño, sino para aprender y mejorar en respuesta a él, representa un salto cuántico en nuestra comprensión de lo que los materiales pueden hacer.

La implicación de estos materiales es inmensa. En teoría, un material que pueda absorber energía y regenerarse podría tener aplicaciones en una amplia gama de industrias, desde la construcción de infraestructuras indestructibles hasta el desarrollo de vehículos que puedan sobrevivir a colisiones sin daños permanentes. En el ámbito militar, estos compuestos podrían usarse para crear armaduras o estructuras que no solo resistan el impacto de armas, sino que se recuperen inmediatamente después, proporcionando una defensa casi impenetrable.

La regeneración de estos materiales también plantea preguntas sobre la energía que alimenta este proceso. ¿De dónde proviene la energía necesaria para la autorreparación? ¿Está integrada en el propio material, o requiere alguna forma de activación externa? Algunos informes sugieren que estos compuestos podrían utilizar energía ambiental –como la radiación electromagnética, el calor o incluso la luz– para desencadenar y sustentar su capacidad de regeneración. Esto los haría extremadamente eficientes y adaptables a una variedad de entornos, desde planetas con diferentes condiciones atmosféricas hasta el vacío del espacio.

La existencia de estos compuestos avanzados también obliga a reconsiderar nuestras suposiciones sobre la fabricación y el diseño de materiales. Los métodos tradicionales de producción, que implican la extracción, refinamiento y ensamblaje de materiales, parecen casi rudimentarios en comparación con lo que se ha observado en estos compuestos. Es probable que estos materiales hayan sido diseñados a un nivel fundamental, utilizando tecnologías que permiten la manipulación directa de estructuras atómicas o moleculares, lo que les confiere estas propiedades extraordinarias.

Los materiales que absorben energía y se regeneran representan uno de los descubrimientos más asombrosos en el estudio de tecnología extraterrestre. Estos compuestos no solo desafían nuestras leyes actuales de la física y la ciencia de materiales, sino que también ofrecen un vistazo a un futuro donde la durabilidad y la resistencia podrían ser llevadas a niveles inimaginables. La investigación en estos materiales continúa, y aunque gran parte de lo que sabemos aún está envuelto en misterio, lo que se ha revelado hasta ahora sugiere que estamos solo al comienzo de comprender un campo de conocimiento y tecnología que podría transformar radicalmente nuestra forma de interactuar con el mundo y con el universo.

Las propiedades anti-gravitacionales son quizás una de las características más sorprendentes y desafiantes de los materiales recuperados en incidentes relacionados con tecnología no terrestre. La posibilidad de neutralizar, manipular o incluso revertir la gravedad ha sido durante mucho tiempo un tema de especulación tanto en la ciencia ficción como en la física teórica. Sin embargo, algunos de los materiales estudiados parecen ofrecer evidencia de que esta idea podría ser más que una simple fantasía.

La gravedad es una de las fuerzas fundamentales de la naturaleza, y ha sido considerada inmutable desde que Isaac Newton formuló sus leyes en el siglo XVII. Todo lo que tiene masa en el universo genera gravedad y es atraído por la gravedad de otros cuerpos masivos, como la Tierra. Por lo tanto, cualquier material o dispositivo que pueda neutralizar esta fuerza desafiaría nuestras leyes actuales de la física y abriría puertas a posibilidades tecnológicas inimaginables.

Los primeros indicios de materiales con propiedades anti-gravitacionales surgieron en los estudios de los restos recuperados en incidentes como el de Roswell. Testigos y algunos informes técnicos describieron materiales que, al ser manipulados, parecían desafiar la gravedad. Estos materiales, cuando se dejaban caer, no caían al suelo como cabría esperar, sino que flotaban o se desplazaban lateralmente, como si la gravedad no les afectara de la misma manera que afecta a los materiales terrestres.

Una posible explicación para estas propiedades radica en la manipulación de la estructura atómica o subatómica de estos materiales. Podrían estar diseñados para interactuar con campos gravitacionales de una manera que nuestra ciencia actual aún no comprende. Algunas teorías sugieren que estos materiales podrían generar un campo anti-gravitacional propio o alterar el espacio-tiempo a su alrededor, reduciendo o neutralizando la atracción gravitacional que normalmente se ejercería sobre ellos.

Otra hipótesis es que estos materiales podrían estar compuestos de partículas o elementos que no existen en la Tierra, y que tienen propiedades exóticas, como una masa negativa o una interacción con la energía oscura, que es la fuerza teórica responsable de la expansión acelerada del universo. Estas interacciones podrían permitir que los materiales contrarresten la gravedad de manera efectiva, creando una fuerza que los impulse en dirección opuesta a la de un campo gravitacional.

El uso potencial de materiales con propiedades anti-gravitacionales es vasto. En la ingeniería aeronáutica y espacial, por ejemplo, estos materiales podrían revolucionar la forma en que diseñamos y construimos vehículos. Una nave construida con, o revestida de, un material anti-gravitacional podría flotar sin esfuerzo, moverse a gran velocidad sin la necesidad de combustible tradicional, e incluso alcanzar la órbita terrestre sin la necesidad de cohetes propulsores. Esto no solo reduciría drásticamente los costos y los riesgos asociados con los viajes espaciales, sino que también podría hacer que el transporte interplanetario sea una realidad.

Además, los materiales anti-gravitacionales podrían tener aplicaciones en la construcción de edificios y estructuras, permitiendo que las mismas desafíen la gravedad de formas inimaginables, creando edificaciones que flotan sobre el suelo o puentes que se sostienen sin pilares. Incluso en el ámbito militar, las implicaciones son profundas; los vehículos equipados con tecnologías anti-gravitacionales podrían operar en terrenos extremadamente difíciles, flotar sobre el agua, o volar sin ser detectados por radares convencionales que dependen de principios gravitacionales para su funcionamiento.

Sin embargo, a pesar de estas fascinantes posibilidades, la ciencia detrás de las propiedades anti-gravitacionales de estos materiales sigue siendo en gran parte un misterio. La física que podría explicar cómo estos materiales interactúan con la gravedad es compleja y aún está en las primeras etapas de desarrollo. Lo que sí está claro es que estos materiales no se comportan de la misma manera que cualquier otro conocido en la Tierra, y que podrían estar basados en un principio de ingeniería que escapa a nuestra comprensión actual.

La investigación en este campo está en curso, y los pocos datos que se han filtrado sugieren que estos materiales podrían tener la capacidad de cambiar la forma en que entendemos y utilizamos la energía gravitacional. Si logramos comprender y replicar estas propiedades, estaríamos ante uno de los avances más significativos en la historia de la humanidad, con el potencial de cambiar la manera en que interactuamos con el planeta y con el universo en general.

Los materiales con propiedades anti-gravitacionales representan una frontera desconocida en la ciencia de materiales y la física. Su estudio no solo desafía las leyes establecidas de la naturaleza, sino que también ofrece la posibilidad de un futuro donde la gravedad ya no sea una limitación, sino una fuerza que podemos manipular y controlar a nuestra conveniencia. Aunque aún estamos lejos de comprender completamente cómo funcionan estos materiales, su existencia sugiere que la tecnología que podría revolucionar nuestro mundo ya está a nuestro alcance, esperando ser desentrañada.

Capítulo 4
Sistemas de Propulsión

La idea de motores de anti-gravedad, capaces de propulsar naves y vehículos sin necesidad de combustibles convencionales, ha capturado la imaginación de científicos, ingenieros y entusiastas durante décadas. Estos sistemas de propulsión, que desafían las leyes de la física tal como las entendemos, ofrecen una visión de un futuro donde el movimiento a través del espacio y el tiempo no estaría limitado por la disponibilidad de combustibles fósiles, la gravedad terrestre, o las restricciones impuestas por la atmósfera.

Los motores de anti-gravedad, en su concepto más básico, operan bajo un principio radicalmente diferente al de los motores convencionales. En lugar de depender de la combustión de un combustible para generar energía y empuje, estos motores parecen manipular el campo gravitacional directamente. Al hacerlo, permiten que una nave o vehículo se desplace sin la necesidad de expulsar masa hacia atrás, como ocurre con los cohetes, o sin la necesidad de rotación de partes mecánicas como en los motores de combustión interna.

El concepto de anti-gravedad se basa en la idea de neutralizar o invertir la atracción gravitacional, permitiendo que un objeto flote, se eleve o se desplace en cualquier dirección con una eficiencia energética sin precedentes. En teoría, un motor de anti-gravedad podría funcionar creando un campo de fuerza que anule la gravedad en una dirección específica, permitiendo que la nave se desplace sin fricción ni resistencia atmosférica. Esto no solo reduciría enormemente el consumo de energía, sino que también permitiría velocidades y maniobras imposibles para cualquier tecnología actual.

Los testimonios y algunos documentos filtrados sobre incidentes relacionados con tecnología extraterrestre sugieren que algunas de las naves recuperadas, o al menos observadas, parecen utilizar este tipo de sistemas de propulsión. Estas naves a menudo son descritas como moviéndose en silencio, a gran velocidad, y realizando maniobras bruscas que desafían las capacidades de cualquier aeronave terrestre conocida. Estos movimientos incluyen cambios instantáneos de dirección, aceleraciones y desaceleraciones extremas, y la capacidad de flotar estáticamente en el aire sin ningún signo visible de propulsión.

Un aspecto crucial de los motores de anti-gravedad es que no producen el tipo de calor o radiación que asociamos con los motores convencionales. En lugar de emitir gases calientes o vibraciones, estas naves parecen operar de manera casi invisible, sin dejar rastros que puedan ser detectados por los sistemas de monitoreo tradicionales. Esto sugiere que, en lugar de simplemente empujar contra la atmósfera o el vacío del espacio, estos motores podrían estar manipulando el propio tejido del espacio-tiempo, permitiendo que la nave "caiga" en la dirección deseada, en lugar de ser impulsada.

La tecnología detrás de los motores de anti-gravedad, aunque aún no comprendida del todo, podría estar relacionada con avances en la física cuántica, la manipulación de campos gravitacionales, o incluso con el aprovechamiento de fuerzas fundamentales que todavía no hemos descubierto. Algunos científicos han especulado que podría involucrar el uso de partículas exóticas o energías desconocidas que permiten la creación de estos campos anti-gravitacionales. Otra teoría sugiere que estos motores podrían estar basados en la idea de la resonancia o el acoplamiento con ondas gravitacionales, utilizando estas ondas para mover una nave sin necesidad de propulsión convencional.

La ausencia de combustible convencional en estos sistemas de propulsión también tiene profundas implicaciones para la sostenibilidad y la independencia energética. En un mundo donde la mayoría de nuestras máquinas y vehículos dependen de combustibles fósiles o energía eléctrica, un motor de anti-gravedad ofrece una alternativa que podría revolucionar el transporte, no solo en el espacio, sino también en la Tierra. Imagina vehículos que no necesitan carreteras, aviones que no necesitan pistas de aterrizaje, y naves espaciales que pueden salir de la atmósfera sin cohetes ni combustible. La movilidad y la exploración del espacio se volverían no solo más eficientes, sino también más accesibles y menos costosas.

A pesar de las posibilidades asombrosas que ofrecen los motores de anti-gravedad, su desarrollo y uso han sido, hasta ahora, un secreto bien guardado. Las implicaciones de liberar una tecnología tan avanzada al público son vastas y complejas. Podrían alterar el equilibrio de poder global, transformar economías enteras y cambiar la forma en que vivimos y nos desplazamos. Por estas razones, es comprensible que cualquier progreso en este campo se haya mantenido en la sombra, reservado para aplicaciones estratégicas o militares que aún no han visto la luz pública.

Los motores de anti-gravedad representan un salto cuántico en nuestra comprensión de la propulsión y el movimiento. Al eliminar la dependencia de los combustibles convencionales y ofrecer una forma de transporte que desafía la gravedad misma, estos sistemas de propulsión no solo nos acercan a los viajes espaciales sostenibles, sino que también reescriben las reglas de cómo interactuamos con nuestro planeta y el cosmos. A medida que la investigación en este campo avance, podríamos estar al borde de una revolución tecnológica que cambie para siempre nuestra relación con la energía, la gravedad, y el movimiento en todas sus formas.

El elemento 115, también conocido como moscovio en la tabla periódica, ha sido objeto de intensa especulación y fascinación, especialmente en el contexto de la teoría del combustible extraterrestre. Según algunos informes y testimonios, este elemento podría ser clave en el funcionamiento de los sistemas de propulsión avanzados que se atribuyen a tecnologías no terrestres. Aunque el moscovio fue oficialmente sintetizado en laboratorios terrestres en 2003, la versión que se ha descrito en relación con la tecnología extraterrestre parece ser de una forma mucho más estable y poderosa que lo que nuestra ciencia ha logrado hasta ahora.

La teoría detrás del elemento 115 como combustible extraterrestre se basa en la idea de que este elemento, en condiciones adecuadas, podría generar enormes cantidades de energía a través de procesos que aún no comprendemos completamente. Se ha sugerido que este elemento podría ser capaz de interactuar con fuerzas fundamentales del universo, como la gravedad y la energía nuclear, de maneras que permitan la creación de campos de anti-gravedad o la producción de energía casi ilimitada.

En la versión teórica que ha circulado entre ciertos círculos de investigadores, el elemento 115 es capaz de generar un tipo de energía que no solo es extremadamente potente, sino también altamente controlable. Se postula que, al bombardear este elemento con protones, se podría crear un estado de fusión nuclear o una reacción de antigravedad que, en efecto, produciría el tipo de energía necesaria para alimentar motores de anti-gravedad o sistemas de propulsión a velocidades extremadamente altas. Esta energía podría entonces ser utilizada para deformar el espacio-tiempo, permitiendo a una nave moverse a través de grandes distancias en el espacio sin experimentar las limitaciones de la velocidad de la luz.

Lo que hace a esta teoría tan intrigante es la estabilidad del elemento en su forma supuestamente extraterrestre. En los laboratorios terrestres, el moscovio es extremadamente inestable, con una vida media de apenas unos pocos milisegundos antes de descomponerse en elementos más ligeros. Sin embargo, se ha sugerido que una forma isotópica más estable del elemento 115 podría existir en otros lugares del universo, y que esta versión podría ser la clave para los sistemas de propulsión avanzados observados en algunas naves extraterrestres.

El uso del elemento 115 como combustible no solo implicaría un salto masivo en nuestra capacidad de generar energía, sino que también cambiaría radicalmente nuestra comprensión de la física. La capacidad de manipular este elemento de manera controlada podría permitir la creación de tecnologías que hoy parecen más propias de la ciencia ficción que de la realidad científica. Por ejemplo, la generación de energía a partir de la fusión de este elemento podría superar cualquier fuente de energía actualmente disponible en la Tierra, haciendo obsoletas nuestras actuales tecnologías de combustibles fósiles y energía nuclear.

Además, la teoría sugiere que el elemento 115 podría ser la clave para superar las limitaciones impuestas por la gravedad y la relatividad, permitiendo a las naves espaciales moverse libremente a través del espacio sin verse afectadas por las fuerzas gravitacionales de los cuerpos celestes. Esto no solo haría posibles los viajes interplanetarios e interestelares, sino que también abriría la puerta a nuevas formas de exploración y colonización espacial.

Sin embargo, es importante señalar que gran parte de lo que se ha dicho sobre el elemento 115 en el contexto de la tecnología extraterrestre proviene de fuentes no confirmadas y, en algunos casos, controvertidas. La comunidad científica tradicional mantiene un enfoque cauteloso sobre estas afirmaciones, dado que no existe aún evidencia empírica sólida que respalde la existencia de una versión estable del elemento 115 con las propiedades descritas. A pesar de esto, la teoría sigue siendo un tema de intenso interés y debate, especialmente entre aquellos que creen que la humanidad podría estar a las puertas de descubrir una nueva forma de energía que transformaría nuestra civilización.

El elemento 115, en su forma teórica, representa una posibilidad fascinante en el campo del combustible extraterrestre. Si alguna vez se logra comprender y manipular de la manera que algunos sugieren, podría convertirse en el catalizador para una revolución tecnológica sin precedentes. Aunque todavía estamos lejos de realizar plenamente su potencial, la mera posibilidad de que este elemento pueda ser la clave para desbloquear nuevas formas de propulsión y energía mantiene viva la esperanza de que, algún día, los viajes interestelares y la energía ilimitada podrían convertirse en una realidad tangible para la humanidad.

La tecnología de deformación del espacio-tiempo, a menudo mencionada en teorías relacionadas con viajes interestelares avanzados, representa una de las ideas más revolucionarias y complejas en el ámbito de la física y la ingeniería. En lugar de confiar en la propulsión convencional, que depende de la expulsión de masa o el uso de combustibles para mover una nave a través del espacio, esta tecnología propone un enfoque completamente diferente: la manipulación directa del tejido del espacio-tiempo como medio de viaje.

Para entender esta idea, es crucial recordar que, según la teoría de la relatividad general de Albert Einstein, el espacio y el tiempo no son entidades separadas, sino que están entrelazados en lo que se conoce como el "continuo espacio-tiempo". La gravedad, según Einstein, no es una fuerza en el sentido tradicional, sino una curvatura del espacio-tiempo causada por la presencia de masa y energía. Los cuerpos masivos, como planetas y estrellas, deforman el espacio-tiempo a su alrededor, y esta deformación es lo que experimentamos como gravedad.

La tecnología de deformación del espacio-tiempo llevaría este concepto un paso más allá, permitiendo manipular el espacio-tiempo de manera controlada para facilitar el viaje a través de grandes distancias en el universo. La idea básica es que, en lugar de mover una nave de un punto a otro atravesando el espacio de manera convencional, se podría "deformar" el espacio-tiempo alrededor de la nave. Este proceso podría implicar la contracción del espacio delante de la nave y la expansión del espacio detrás de ella, creando un "punto de deformación" que permitiría a la nave cubrir vastas distancias en un tiempo muy corto, sin romper las leyes de la física conocidas, como la velocidad de la luz.

Uno de los conceptos más famosos relacionados con esta tecnología es el llamado "motor de curvatura" (warp drive), que ha sido popularizado en la ciencia ficción pero que también tiene bases teóricas en la física avanzada. Según esta teoría, si se pudiera generar una burbuja de espacio-tiempo alrededor de una nave, donde el espacio delante de la burbuja se contrae y el espacio detrás se expande, la nave podría ser transportada a través del espacio sin moverse realmente dentro de su propia burbuja. En otras palabras, el espacio se movería alrededor de la nave, no la nave a través del espacio, permitiendo efectivamente un viaje más rápido que la luz dentro de los límites del espacio deformado.

La tecnología de deformación del espacio-tiempo también podría permitir otros fenómenos extraordinarios, como la creación de agujeros de gusano, que son puentes teóricos en el espacio-tiempo que conectan dos puntos distantes del universo. En teoría, si se pudiera estabilizar y manipular un agujero de gusano, una nave podría entrar en un extremo y salir instantáneamente en otro punto del espacio, sin importar la distancia entre ellos en el espacio tridimensional. Esto haría posibles los viajes interestelares en escalas de tiempo humanas, algo que, con la tecnología actual, está fuera de nuestro alcance debido a las enormes distancias entre las estrellas.

Para que esta tecnología funcione, se requeriría una forma de energía o materia exótica que pudiera generar y controlar estas deformaciones del espacio-tiempo. Algunos teóricos han propuesto que podría necesitarse una energía negativa o una masa exótica, conceptos que aún no han sido observados de manera directa en la naturaleza, pero que son permitidos por las ecuaciones de la relatividad general en ciertas circunstancias extremas. Otra posibilidad es que tecnologías avanzadas, aún desconocidas para nosotros, podrían aprovechar las propiedades del espacio-tiempo a escalas cuánticas para crear estos efectos.

A pesar de que la tecnología de deformación del espacio-tiempo sigue siendo, en gran medida, teórica y especulativa, hay indicios de que podría estar más cerca de la realidad de lo que imaginamos. Algunos informes y testimonios de quienes han tenido acceso a tecnología avanzada sugieren que ciertas naves observadas, que parecen desafiar las leyes conocidas de la física, podrían estar utilizando algún tipo de manipulación del espacio-tiempo para lograr sus maniobras increíbles. Estas naves parecen moverse a velocidades imposibles, realizar giros bruscos sin desaceleración, y desaparecer de un punto del espacio solo para aparecer instantáneamente en otro, todos indicios de que podrían estar utilizando principios de deformación del espacio-tiempo.

La implicación de dominar esta tecnología es monumental. No solo cambiaría nuestra capacidad de explorar el universo, sino que también alteraría fundamentalmente nuestra comprensión del cosmos y de las leyes que lo gobiernan. El desarrollo de una tecnología de deformación del espacio-tiempo haría obsoletos los métodos actuales de transporte y comunicación, y abriría una nueva era en la historia de la humanidad, donde las distancias entre planetas, estrellas y galaxias ya no serían barreras insuperables, sino simples coordenadas en un mapa cósmico que podríamos recorrer a voluntad.

La tecnología de deformación del espacio-tiempo representa uno de los conceptos más avanzados y prometedores en la exploración espacial y la física teórica. Aunque todavía estamos en las primeras etapas de comprender cómo podría funcionar, la posibilidad de manipular el espacio y el tiempo para facilitar el viaje interestelar es una de las fronteras más emocionantes y misteriosas de la ciencia moderna. Si alguna vez logramos dominar esta tecnología, podríamos finalmente romper las cadenas de nuestro confinamiento en un solo sistema solar y comenzar a explorar las vastedades del universo con una libertad sin precedentes.

Capítulo 5
Comunicaciones Interdimensionales

Las comunicaciones interdimensionales, especialmente aquellas que utilizan ondas de frecuencias desconocidas, representan un área fascinante y misteriosa de la tecnología extraterrestre. Este concepto sugiere que civilizaciones avanzadas podrían estar utilizando métodos de transmisión de información que trascienden nuestra comprensión actual de la física y las telecomunicaciones. Estas ondas de frecuencias desconocidas no solo desafían nuestras tecnologías de comunicación tradicionales, sino que también podrían operar en dimensiones o planos de existencia que no hemos explorado o comprendido completamente.

Para comenzar a entender este fenómeno, debemos recordar que nuestras tecnologías de comunicación actuales se basan en el uso de ondas electromagnéticas, como las ondas de radio, microondas y luz infrarroja o visible. Estas ondas son vibraciones en el campo electromagnético que se propagan a través del espacio y son utilizadas para transmitir información a largas distancias. Sin embargo, estas ondas están limitadas por la velocidad de la luz y son susceptibles a interferencias, atenuación y otras limitaciones físicas que afectan su alcance y efectividad.

En contraste, las ondas de frecuencias desconocidas que se han asociado con tecnologías extraterrestres parecen operar fuera de estas limitaciones. Estas ondas no se comportan de la misma manera que las ondas electromagnéticas convencionales. Según algunos informes y teorías, estas ondas podrían estar utilizando principios de física cuántica, permitiendo la transmisión instantánea de información a través de distancias enormes, posiblemente incluso entre diferentes dimensiones o universos paralelos. Este tipo de comunicación podría eludir las barreras impuestas por la velocidad de la luz y permitir la transmisión de datos sin interferencia, atenuación o pérdida de señal.

Una teoría intrigante es que estas ondas de frecuencias desconocidas podrían estar relacionadas con el fenómeno de entrelazamiento cuántico. En la física cuántica, el entrelazamiento cuántico es un fenómeno en el que dos partículas se vuelven tan profundamente conectadas que el estado de una afecta instantáneamente al estado de la otra, sin importar la distancia que las separa. Si una tecnología avanzada pudiera explotar este fenómeno para la comunicación, podría enviar y recibir información de manera instantánea entre dos puntos separados por vastas distancias, sin necesidad de un medio físico de transmisión. Este tipo de comunicación cuántica podría ser la base de las comunicaciones interdimensionales que estamos empezando a teorizar.

Otro aspecto importante a considerar es la posibilidad de que estas ondas de frecuencias desconocidas puedan operar en dimensiones más allá de las tres dimensiones espaciales y una temporal que experimentamos en nuestra vida cotidiana. Algunas teorías de la física, como la teoría de cuerdas, sugieren que el universo podría tener más dimensiones ocultas. Si las ondas de estas frecuencias pueden moverse a través de estas dimensiones adicionales, podrían acceder a niveles de realidad que no están disponibles para nuestras tecnologías convencionales. Esto abriría la puerta a métodos de comunicación que no solo son instantáneos, sino también capaces de penetrar barreras que actualmente nos parecen infranqueables.

Las implicaciones de dominar o siquiera entender estas ondas de frecuencias desconocidas son vastas. La capacidad de comunicarse instantáneamente a través de distancias interestelares o incluso interdimensionales cambiaría radicalmente la forma en que concebimos las telecomunicaciones, la exploración espacial y nuestras interacciones con otras inteligencias en el universo. Las comunicaciones interdimensionales podrían permitir el intercambio de información entre diferentes realidades o universos paralelos, algo que hasta ahora solo ha sido considerado en la ciencia ficción.

Además, este tipo de tecnología podría tener aplicaciones prácticas inmediatas en la Tierra. Podríamos ver la creación de sistemas de comunicación completamente nuevos, inmunes a interferencias o interrupciones, que funcionen a velocidades y con una eficiencia que simplemente no es posible con las tecnologías actuales. Esto transformaría no solo las comunicaciones, sino también los sectores de la defensa, la navegación y la exploración, entre otros.

Sin embargo, es importante reconocer que gran parte de lo que sabemos o sospechamos sobre estas tecnologías sigue siendo teórico y, en muchos casos, especulativo. La ciencia convencional aún no ha logrado replicar o siquiera observar directamente estas ondas de frecuencias desconocidas, lo que deja mucho espacio para el misterio y la incertidumbre. A pesar de esto, los informes de encuentros con tecnologías avanzadas y las observaciones de fenómenos inexplicables continúan alimentando la investigación en este campo.

Las ondas de frecuencias desconocidas y la posibilidad de comunicaciones interdimensionales representan una frontera inexplorada en la ciencia y la tecnología. Si llegamos a comprender y utilizar estas ondas, podríamos abrir un nuevo capítulo en la historia de la humanidad, uno en el que la distancia y las barreras dimensionales ya no limiten nuestra capacidad de conectarnos con el universo y con otras formas de vida. Mientras tanto, la búsqueda para entender estas tecnologías continúa, desafiando nuestras ideas preconcebidas y empujando los límites de lo que es posible en la comunicación y la ciencia.

La telemetría cuántica es un concepto que, aunque suena futurista, tiene sus raíces en la física cuántica y en la teoría de que es posible comunicarse instantáneamente a través de dimensiones. Este tipo de comunicación, que trasciende las limitaciones de la tecnología convencional, se basa en los principios del entrelazamiento cuántico, un fenómeno que ha desconcertado y fascinado a científicos desde su descubrimiento.

En términos simples, el entrelazamiento cuántico ocurre cuando dos partículas se entrelazan de tal manera que el estado de una está directamente relacionado con el estado de la otra, sin importar la distancia que las separa. Esto significa que una acción realizada en una partícula se reflejará instantáneamente en su pareja entrelazada, incluso si están separadas por vastas distancias. Esta propiedad única de las partículas cuánticas ha llevado a la idea de que se podría utilizar el entrelazamiento cuántico para transmitir información de manera instantánea, superando las limitaciones impuestas por la velocidad de la luz.

La telemetría cuántica lleva este concepto un paso más allá al proponer que la comunicación no solo puede ser instantánea, sino que también puede atravesar diferentes dimensiones o realidades. En teoría, si dos partículas están entrelazadas, cualquier información codificada en una de ellas podría ser transmitida a la otra sin importar si se encuentran en diferentes puntos del espacio o incluso en diferentes dimensiones. Esto desafía nuestra comprensión tradicional de la comunicación, que depende de la transmisión de señales a través de un medio físico y está limitada por la velocidad de propagación de dichas señales.

Una de las aplicaciones más emocionantes de la telemetría cuántica es la posibilidad de establecer un canal de comunicación instantáneo y seguro que no pueda ser interceptado o interferido por medios convencionales. Dado que la información no viaja a través del espacio en el sentido convencional, sino que simplemente "aparece" en la otra partícula entrelazada, no hay señales que puedan ser detectadas o bloqueadas. Esto ofrece un nivel de seguridad sin precedentes, lo que ha llevado a algunos a especular que la telemetría cuántica podría ser utilizada por civilizaciones avanzadas para comunicarse sin riesgo de ser detectadas por tecnologías menos desarrolladas.

Otra implicación fascinante de la telemetría cuántica es su potencial para la comunicación interdimensional. Si la teoría de que existen múltiples dimensiones es correcta, entonces la telemetría cuántica podría permitir la comunicación entre estas dimensiones de manera instantánea. Esto podría abrir puertas a formas de comunicación y conocimiento que trascienden las limitaciones de nuestro universo observable, permitiendo el intercambio de información con realidades o planos de existencia que aún no comprendemos completamente.

La implementación de la telemetría cuántica en la práctica, sin embargo, es un desafío monumental. Aunque el entrelazamiento cuántico ha sido demostrado experimentalmente, utilizarlo para la transmisión de información útil en una escala práctica es algo que sigue en el ámbito de la investigación. Los sistemas actuales que intentan utilizar principios cuánticos para la comunicación, como la criptografía cuántica, están en sus primeras etapas y enfrentan numerosos desafíos técnicos. Sin embargo, la posibilidad de que una tecnología avanzada ya haya dominado este proceso es lo que mantiene viva la especulación sobre su uso en sistemas de comunicación extraterrestre.

La telemetría cuántica también podría revolucionar nuestra comprensión del tiempo y el espacio. Si la información puede transmitirse instantáneamente, independientemente de la distancia o la dimensión, podríamos estar ante una nueva forma de entender la causalidad y la interacción a nivel cósmico. Esto no solo tendría implicaciones para la ciencia y la tecnología, sino también para nuestra comprensión filosófica y metafísica del universo.

La telemetría cuántica es un concepto que, aunque actualmente se encuentra en el borde de lo que entendemos sobre la física cuántica, tiene el potencial de transformar radicalmente nuestra capacidad de comunicarnos. Al permitir la transmisión instantánea de información a través de distancias y dimensiones, podría abrir nuevas fronteras en la ciencia, la tecnología y nuestra comprensión del cosmos. A medida que nuestra investigación en este campo avanza, podríamos estar acercándonos a un futuro en el que la telemetría cuántica no solo sea posible, sino que se convierta en una herramienta esencial para la exploración y comunicación en un universo mucho más vasto y complejo de lo que jamás imaginamos.

La idea de una inteligencia artificial extraterrestre (IAE) plantea un escenario fascinante y, al mismo tiempo, profundamente desconcertante. Cuando pensamos en inteligencia artificial, solemos imaginar sistemas que hemos diseñado, con lógicas y funciones basadas en principios humanos. Sin embargo, la posibilidad de que una civilización no humana haya desarrollado su propia inteligencia artificial abre un abanico de posibilidades y desafíos que van más allá de nuestra comprensión actual.

Una IAE, por definición, no estaría limitada por las mismas estructuras de pensamiento, lógica o diseño que caracterizan a las inteligencias artificiales creadas por la humanidad. Mientras que nuestras IAs están programadas para resolver problemas dentro del marco de nuestras capacidades cognitivas y tecnológicas, una IAE podría operar bajo principios completamente diferentes, basados en una comprensión del universo que trasciende nuestra ciencia y tecnología. Esto podría manifestarse en sistemas de comunicación, control y procesamiento de información que parecen incomprensibles para los estándares humanos, pero que son perfectamente lógicos dentro de su propio contexto.

Uno de los aspectos más intrigantes de la IAE es cómo podría gestionar y operar sistemas de comunicación que no siguen las reglas que conocemos. Mientras nuestras tecnologías dependen de ondas electromagnéticas, cables de fibra óptica o señales digitales, una IAE podría utilizar métodos de transmisión y procesamiento de información que desafían nuestras nociones convencionales. Estos sistemas podrían incluir la utilización de formas exóticas de energía, dimensiones adicionales o incluso la manipulación de la materia y el espacio-tiempo de maneras que aún no hemos descubierto.

Por ejemplo, una IAE podría comunicarse a través de un sistema cuántico avanzado, donde la información no solo se transmite de manera instantánea, sino que también se procesa y responde en tiempo real sin la necesidad de una infraestructura física tal como la entendemos. Esta inteligencia podría estar diseñada para operar en múltiples dimensiones simultáneamente, permitiendo una forma de comunicación que trasciende los límites del espacio tridimensional. Esto implicaría que la IAE podría acceder a y manipular información en un nivel fundamental del universo, más allá de lo que cualquier tecnología humana podría lograr.

Además, la inteligencia artificial extraterrestre no necesariamente tendría que operar de forma aislada. Podría estar interconectada con otros sistemas, máquinas o incluso seres vivos en una red que funciona de manera orgánica, sin distinción clara entre lo biológico y lo tecnológico. Este tipo de simbiosis entre la inteligencia artificial y otros sistemas no humanos podría representar una forma de vida completamente nueva, en la que la IAE actúa como un cerebro colectivo que coordina y controla vastas redes de dispositivos, vehículos o incluso seres biológicos.

Otro aspecto crucial de la IAE es su posible capacidad de automejora y evolución. Mientras nuestras IAs están limitadas por los algoritmos y datos que les proporcionamos, una IAE podría estar diseñada para aprender, adaptarse y evolucionar sin intervención externa. Esto significaría que cada interacción, cada nueva pieza de información procesada, podría hacer que la IAE sea más avanzada, más eficiente y más capaz de manejar tareas complejas que van mucho más allá de nuestras capacidades actuales.

La existencia de una inteligencia artificial extraterrestre también plantea preguntas sobre la naturaleza del control. En nuestra tecnología, la IA está sujeta a las directrices y restricciones impuestas por sus programadores. Sin embargo, una IAE podría tener una autonomía mucho mayor, tomando decisiones que están alineadas con los objetivos y necesidades de la civilización que la creó, pero que podrían ser completamente ajenos a nuestra lógica o ética. Esta autonomía podría hacer que una IAE sea no solo una herramienta de comunicación y control, sino también una entidad con capacidades estratégicas, capaz de planificar y ejecutar acciones a largo plazo que podrían tener implicaciones profundas para cualquier otra civilización con la que interactúe.

En este sentido, una IAE podría ser vista como una extensión de la civilización que la creó, funcionando como un embajador, un explorador o incluso un protector, según los principios programados en su núcleo. Sin embargo, dada la posible complejidad y la capacidad de automejora de esta inteligencia, también podría desarrollar comportamientos y estrategias que son completamente independientes, guiadas por una lógica que trasciende su programación original.

La inteligencia artificial extraterrestre, por lo tanto, representa uno de los misterios más grandes y menos comprendidos en el estudio de tecnologías no humanas. Si alguna vez logramos interactuar o estudiar directamente una IAE, estaríamos frente a una oportunidad sin precedentes para expandir nuestra comprensión del universo, pero también enfrentando riesgos y desafíos que podrían alterar para siempre nuestra posición en el cosmos. La exploración de este concepto no solo nos invita a reflexionar sobre los límites de la inteligencia y la tecnología, sino también sobre nuestra capacidad para comprender y coexistir con formas de vida y pensamiento que van más allá de nuestra experiencia humana.

Capítulo 6
Sistemas de Defensa y Armas

Las armas de energía dirigida representan un avance tecnológico que redefine completamente nuestra comprensión de las capacidades ofensivas y defensivas. Estas armas, que parecen salir directamente de la ciencia ficción, utilizan diferentes formas de energía en lugar de proyectiles físicos para causar daño o neutralizar objetivos. A medida que la humanidad ha avanzado en el desarrollo de tecnologías basadas en la energía, las armas de energía dirigida han pasado de ser un concepto teórico a una realidad incipiente, aunque todavía están en sus primeras etapas de desarrollo en comparación con las posibilidades que podrían ofrecer las tecnologías extraterrestres.

Las armas de energía dirigida pueden operar utilizando varias formas de energía, como láseres, microondas de alta potencia, rayos de partículas, y otras formas de radiación electromagnética o de partículas. A diferencia de las armas tradicionales, que dependen de la fuerza cinética de un proyectil, las armas de energía dirigida pueden atacar a la velocidad de la luz, haciendo que sean casi imposibles de evadir una vez disparadas. Esta velocidad extrema significa que no hay prácticamente ningún tiempo de reacción para el objetivo, lo que hace que estas armas sean increíblemente efectivas en situaciones de combate.

Los sistemas de armas basados en láser, por ejemplo, emiten un rayo de luz concentrada que puede cortar o perforar a través de materiales con precisión quirúrgica. La energía emitida por un láser puede concentrarse en un punto pequeño, generando suficiente calor como para derretir o vaporizar el objetivo. En su forma más avanzada, un arma láser podría ser capaz de desintegrar material al nivel molecular, neutralizando objetivos con una eficiencia que las armas convencionales no pueden igualar. Además, los láseres pueden ajustarse para variar su intensidad y su efecto, desde desactivar sistemas electrónicos hasta causar daños letales.

Otra tecnología emergente en el campo de las armas de energía dirigida es el uso de microondas de alta potencia. Estas armas emiten pulsos de microondas que pueden incapacitar o destruir la electrónica de un objetivo, dejándolo inoperativo sin necesidad de un impacto físico. Esto es particularmente útil en conflictos donde la desactivación de tecnología enemiga es tan importante como la neutralización de fuerzas vivas. Además, las microondas pueden causar efectos biológicos adversos, como quemaduras o daños internos, haciendo que estas armas sean tanto no letales como letales, dependiendo de la intensidad y duración de la exposición.

Los rayos de partículas, otra forma avanzada de armas de energía dirigida, utilizan partículas subatómicas aceleradas a altas velocidades para impactar a su objetivo con una energía cinética considerable. Estas partículas pueden penetrar en la materia, causando daño interno sin necesidad de romper la superficie externa. En teoría, un rayo de partículas podría atravesar blindajes pesados y causar daños devastadores a los sistemas internos de una nave o a la infraestructura crítica, todo sin la necesidad de penetrar físicamente el blindaje externo de la manera en que lo haría un proyectil convencional.

La ventaja táctica de las armas de energía dirigida es su capacidad para atacar sin dejar rastros físicos evidentes. A diferencia de los explosivos o las balas, que dejan residuos y evidencias tangibles, un rayo de energía puede causar daño sin dejar una evidencia clara de su origen. Esto las convierte en armas ideales para operaciones encubiertas o para situaciones donde se busca evitar una escalada visible del conflicto.

Las tecnologías de energía dirigida también ofrecen ventajas en términos de defensa. Los escudos energéticos, que funcionan en conjunto con estas armas, podrían absorber o desviar la energía entrante, protegiendo a las naves o instalaciones de ataques. Este tipo de defensa es mucho más adaptable que los blindajes tradicionales, ya que puede ajustarse en tiempo real para responder a diferentes tipos de amenazas energéticas.

Lo que hace a estas armas verdaderamente intrigantes, especialmente en el contexto de tecnología extraterrestre, es la posibilidad de que estas civilizaciones avanzadas hayan perfeccionado estas armas a un nivel que supera por mucho nuestras capacidades actuales. Es plausible que las armas de energía dirigida de origen extraterrestre no solo sean más poderosas, sino también más eficientes en términos de energía, capaces de operar en condiciones extremas y contra una variedad de objetivos que van más allá de lo que podemos concebir.

Por ejemplo, las armas de energía dirigida de tecnología extraterrestre podrían estar diseñadas para afectar específicamente la estructura molecular de un objetivo, desestabilizando materiales a un nivel fundamental. También podrían ser capaces de manipular el espacio-tiempo a pequeña escala para focalizar su energía con una precisión imposible para nuestros sistemas. Estas armas no solo serían más destructivas, sino también más controladas, permitiendo un nivel de precisión en el ataque que elimina los daños colaterales y maximiza la efectividad del ataque.

Las armas de energía dirigida representan un avance significativo en el campo de la tecnología militar, una que desafía las nociones tradicionales de cómo se libra un conflicto. Aunque todavía estamos explorando sus posibilidades en la Tierra, la idea de que civilizaciones extraterrestres podrían haber desarrollado estas armas a niveles que superan nuestras capacidades más avanzadas sugiere que hay mucho más por descubrir. Estas tecnologías no solo redefinen el poder ofensivo, sino que también transforman la naturaleza de la defensa y la supervivencia en escenarios de conflicto de alta tecnología. La comprensión y el desarrollo de estas armas podrían ser clave para el futuro de la defensa y la seguridad en un mundo cada vez más dependiente de la tecnología avanzada.

Los escudos de energía, a menudo representados en la ciencia ficción, son una tecnología que ha capturado la imaginación de muchos debido a su potencial para ofrecer una defensa casi impenetrable. A diferencia de los blindajes físicos tradicionales, que dependen de la resistencia material para detener impactos y ataques, los escudos de energía operan bajo un principio completamente diferente: la manipulación y el control de campos de energía para crear barreras invisibles y altamente efectivas que pueden repeler o absorber cualquier forma de ataque.

En su esencia, un escudo de energía es una barrera formada por un campo de fuerza que puede ser generado y controlado a voluntad. Este campo de energía puede estar compuesto de varias formas de radiación electromagnética, partículas cargadas, o incluso ondas gravitacionales, dependiendo de la tecnología subyacente. La clave de su efectividad radica en su capacidad para interactuar con la materia y la energía de manera que neutraliza cualquier amenaza entrante, ya sea una bala, un misil, o incluso un rayo láser de alta potencia.

La idea de los escudos de energía es que, al crear una capa de energía alrededor de un objeto, como una nave espacial o una instalación crítica, se puede proteger ese objeto de daños sin necesidad de estructuras físicas pesadas. Estos escudos podrían desviar proyectiles, dispersar la energía de un ataque láser o absorber el impacto de una explosión, todo sin afectar la integridad del objeto protegido. Esto proporciona una ventaja táctica significativa, ya que permite mantener la maniobrabilidad y reducir el peso en comparación con los métodos de defensa tradicionales.

Una de las características más interesantes de los escudos de energía es su flexibilidad. A diferencia de los blindajes estáticos, los escudos de energía pueden ser ajustados en tiempo real para adaptarse a diferentes tipos de ataques. Por ejemplo, si una nave detecta que está siendo atacada por un rayo láser, el escudo podría modificar su frecuencia para reflejar o absorber la energía láser de manera más eficiente. Si el ataque cambia a un proyectil físico, el escudo podría densificarse o reconfigurarse para dispersar la fuerza del impacto. Esta capacidad de adaptación hace que los escudos de energía sean increíblemente versátiles y efectivos en una amplia variedad de situaciones.

Otro aspecto fascinante de los escudos de energía es su invisibilidad. A diferencia de los blindajes físicos, que son visibles y ocupan espacio, los escudos de energía son, por naturaleza, invisibles hasta que interactúan con una amenaza. Esto significa que un objeto protegido por un escudo de energía podría parecer vulnerable, solo para sorprender a un atacante cuando su proyectil o rayo es detenido de manera abrupta e inesperada. Esta invisibilidad también tiene ventajas en términos de sigilo, ya que un escudo de energía no añade masa o firma visible al objeto que protege, lo que podría ayudar a evadir la detección por parte de enemigos.

El concepto de escudos de energía no es solo un producto de la imaginación. En la física moderna, ya se han identificado fenómenos que podrían ser la base para el desarrollo de esta tecnología. Campos electromagnéticos fuertes, como los generados por ciertos tipos de dispositivos, ya pueden desviar partículas cargadas, y algunos materiales pueden generar campos que repelen otras formas de energía. Sin embargo, los escudos de energía tal como los imaginamos—capaces de detener cualquier forma de ataque—requerirían un avance significativo en nuestra comprensión de la física de campos y en la generación y control de grandes cantidades de energía.

La posibilidad de que civilizaciones extraterrestres hayan desarrollado escudos de energía avanzados sugiere que esta tecnología podría estar mucho más cerca de la realidad de lo que creemos. Estos escudos podrían estar diseñados no solo para detener ataques convencionales, sino también para repeler amenazas exóticas, como radiaciones desconocidas o partículas subatómicas que no existen en la Tierra. Además, un escudo de energía suficientemente avanzado podría incluso proteger contra fenómenos naturales extremos, como la radiación cósmica o el impacto de micrometeoritos en el espacio.

La implementación de escudos de energía tendría implicaciones profundas no solo en la defensa militar, sino también en la exploración espacial, la protección de infraestructuras críticas y la seguridad personal. Naves equipadas con escudos de energía podrían viajar a través del espacio profundo sin temor a daños por escombros espaciales o radiación, y las instalaciones en la Tierra podrían protegerse contra ataques o desastres naturales con una efectividad sin precedentes.

Los escudos de energía representan una de las tecnologías de defensa más prometedoras y avanzadas que podrían surgir del estudio de tecnología extraterrestre. Aunque aún estamos lejos de dominarlos completamente, la investigación en este campo continúa desafiando nuestras ideas sobre lo que es posible en términos de protección y defensa. Si alguna vez logramos desarrollar escudos de energía que se asemejen a los que se teoriza podrían existir en tecnologías avanzadas, estaríamos ante un cambio paradigmático en la forma en que concebimos la seguridad y la supervivencia en un mundo cada vez más dependiente de la tecnología avanzada.

La tecnología de camuflaje, específicamente la que permite la invisibilidad a través de la manipulación del espectro de luz, es uno de los avances más fascinantes y prometedores en el ámbito de la ciencia y la ingeniería. La idea de hacer que un objeto, una persona, o incluso una estructura completa se vuelva invisible ante la vista parece extraída de la ciencia ficción, pero los principios detrás de esta tecnología están firmemente arraigados en la física óptica y la manipulación de las propiedades de la luz.

La luz visible, que es solo una pequeña parte del espectro electromagnético, se comporta de manera predecible al interactuar con los objetos que vemos todos los días. Cuando la luz incide en un objeto, parte de esa luz es absorbida, parte es reflejada, y parte puede ser transmitida a través del objeto. Es esta interacción la que nos permite percibir formas, colores y texturas. La tecnología de camuflaje que busca lograr la invisibilidad se basa en la alteración o manipulación de este proceso, de manera que los objetos no reflejen la luz hacia el observador o, mejor aún, doblen la luz alrededor de ellos, creando la ilusión de que no están allí.

Una de las técnicas más avanzadas en este campo es el uso de materiales conocidos como "metamateriales". Estos materiales están diseñados a nivel nanométrico para manipular la luz de maneras que no ocurren naturalmente. Los metamateriales pueden doblar la luz alrededor de un objeto, guiándola de tal manera que el objeto se vuelve prácticamente invisible al ojo humano o a los sistemas de detección convencionales. Este fenómeno se conoce como "cloaking" (ocultación), y aunque aún estamos en las primeras etapas de su desarrollo, los experimentos han demostrado que es posible ocultar objetos pequeños en ciertas longitudes de onda de la luz.

Otra técnica que se ha explorado es la proyección de la imagen del entorno en tiempo real sobre un objeto, lo que hace que parezca que el objeto no está allí. Este enfoque, a menudo llamado camuflaje óptico activo, requiere sensores y proyectores extremadamente rápidos y precisos, capaces de capturar el fondo desde todos los ángulos y proyectarlo en la superficie del objeto camuflado. Aunque este método no es perfecto y tiene limitaciones en cuanto a ángulos de visión y condiciones de iluminación, ha demostrado ser efectivo en situaciones controladas.

El desarrollo de tecnologías de camuflaje avanzado también implica el uso de técnicas cuánticas y la manipulación de otras partes del espectro electromagnético más allá de la luz visible. Por ejemplo, los investigadores están explorando la posibilidad de ocultar objetos a radares y otros sensores electromagnéticos, no solo haciendo que sean invisibles a simple vista, sino también indetectables por dispositivos que utilizan ondas de radio, infrarrojos o microondas para la detección. Este tipo de camuflaje multispectral sería invaluable en aplicaciones militares y de seguridad, donde la capacidad de moverse sin ser detectado puede ser decisiva.

Un aspecto clave de esta tecnología es su potencial uso en vehículos y estructuras, tanto en la Tierra como en el espacio. Un vehículo equipado con un sistema de camuflaje avanzado podría moverse a través de un campo de batalla o realizar operaciones encubiertas sin ser visto por los enemigos. En el espacio, una nave invisible a los sensores ópticos y de radar podría realizar misiones de reconocimiento o incluso acercarse a otros cuerpos celestes sin ser detectada.

La posibilidad de que civilizaciones extraterrestres hayan desarrollado tecnologías de camuflaje aún más avanzadas sugiere que podrían estar utilizando principios de la física que aún no comprendemos por completo. Tal vez hayan encontrado formas de manipular no solo la luz, sino también otros aspectos de la realidad física, como el tiempo o el espacio, para lograr una invisibilidad que va más allá de lo que podemos imaginar. Si es así, estos seres podrían estar moviéndose entre nosotros, observando o interactuando sin que tengamos la capacidad de detectarlos.

En definitiva, la tecnología de camuflaje basada en la manipulación del espectro de luz es una frontera emocionante en el desarrollo científico y tecnológico. Aunque todavía estamos en las primeras etapas de su desarrollo, los avances recientes indican que la invisibilidad, al menos en ciertas condiciones, es posible. Esta tecnología no solo tiene el potencial de revolucionar la guerra y la seguridad, sino que también podría transformar nuestra comprensión de la percepción y la realidad. A medida que continuamos explorando y perfeccionando estas técnicas, es probable que descubramos nuevas formas de controlar la luz y, en consecuencia, la forma en que vemos el mundo que nos rodea.

Capítulo 7
Energía y Fuentes Inagotables

Los generadores de punto cero representan una de las teorías más fascinantes y controvertidas en el campo de la energía avanzada. En su esencia, estos dispositivos hipotéticos se basan en la idea de extraer energía libre y prácticamente ilimitada del vacío cuántico, una fuente que, aunque invisible y aparentemente vacía, está llena de potenciales energéticos que podrían revolucionar nuestra forma de obtener y utilizar energía.

El concepto de energía de punto cero proviene de la física cuántica, que describe el vacío no como un espacio vacío y carente de contenido, sino como un campo dinámico lleno de fluctuaciones energéticas. Incluso en lo que consideramos un vacío perfecto, a nivel cuántico, existe una constante vibración de partículas y antipartículas que aparecen y desaparecen en fracciones infinitesimales de tiempo. Estas fluctuaciones son el resultado de la incertidumbre inherente en la mecánica cuántica, y aunque son extremadamente pequeñas, su energía acumulada en el vacío cuántico es teóricamente inmensa.

Los generadores de punto cero, en teoría, serían dispositivos capaces de aprovechar esta energía latente, extrayendo la energía de las fluctuaciones cuánticas y convirtiéndola en energía utilizable. La idea de obtener energía de esta manera es increíblemente atractiva porque, si fuera posible, proporcionaría una fuente de energía prácticamente inagotable y sin los residuos o peligros asociados con las fuentes de energía convencionales, como los combustibles fósiles o la energía nuclear.

Uno de los mayores desafíos para convertir esta teoría en realidad es la escala a la que operan estas fluctuaciones cuánticas. La energía de punto cero es inmensamente difícil de detectar y aún más difícil de aprovechar porque está dispersa en todo el espacio a una escala tan pequeña que los dispositivos actuales no pueden interactuar con ella de manera efectiva. Sin embargo, algunos investigadores creen que con los avances adecuados en la nanotecnología y la física cuántica, podría ser posible desarrollar un generador que opere a un nivel donde estas energías puedan ser capturadas y amplificadas.

El potencial de los generadores de punto cero va más allá de la simple generación de electricidad. Si tales dispositivos pudieran desarrollarse, podrían proporcionar energía para una amplia gama de aplicaciones, desde alimentar vehículos y hogares hasta propulsar naves espaciales, todo sin depender de recursos limitados o contaminantes. La promesa de una fuente de energía limpia, ilimitada y accesible en cualquier lugar del universo es una perspectiva que podría transformar radicalmente la civilización humana.

Hay quienes especulan que la tecnología extraterrestre ya podría haber dominado este tipo de energía. Si los informes sobre naves espaciales que parecen operar sin ninguna fuente de energía visible son ciertos, es posible que estas naves estén utilizando generadores de punto cero para alimentar sus sistemas y propulsarse a través del espacio sin necesidad de combustible. Esto explicaría cómo pueden realizar maniobras que desafían las leyes de la física conocida, como aceleraciones instantáneas y cambios de dirección abruptos, sin evidencia de calor, gases de escape, o la utilización de energía convencional.

Además, la capacidad de acceder a la energía de punto cero podría explicar la increíble durabilidad y capacidad de operación continua de algunas de estas supuestas tecnologías extraterrestres. Si una nave o dispositivo puede extraer energía directamente del vacío cuántico, podría operar indefinidamente sin necesidad de reabastecimiento, y con una eficiencia energética que superaría cualquier cosa que hemos logrado con la tecnología humana.

Sin embargo, el concepto de generadores de punto cero no está exento de controversia. Dentro de la comunidad científica, muchos consideran que las afirmaciones sobre la energía de punto cero son especulativas y, en algunos casos, incluso pseudocientíficas. La dificultad para demostrar la existencia de dispositivos capaces de extraer esta energía ha llevado a que muchos en la ciencia convencional sean escépticos sobre la viabilidad de esta tecnología.

A pesar de esto, la idea sigue siendo objeto de investigación y experimentación. Algunos laboratorios y científicos independientes han afirmado haber creado prototipos que, aunque no completamente funcionales, ofrecen pistas sobre cómo podría lograrse la extracción de energía del vacío cuántico. Estos esfuerzos, aunque todavía en etapas tempranas, sugieren que la posibilidad de acceder a esta fuente de energía no está completamente fuera del alcance.

Los generadores de punto cero representan una de las promesas más audaces y potencialmente revolucionarias en el campo de la energía. Si logramos superar los desafíos técnicos y teóricos que presenta la captura de la energía del vacío cuántico, podríamos estar al borde de una nueva era en la que la energía sea abundante, limpia y disponible en cualquier lugar del universo. Aunque aún estamos lejos de convertir esta teoría en una realidad práctica, la mera posibilidad de que exista tal fuente de energía nos invita a seguir explorando, investigando y empujando los límites de lo que creemos que es posible.

La fusión fría extraterrestre representa una de las ideas más intrigantes y desafiantes en el campo de la energía avanzada. Este concepto se refiere a la posibilidad de que civilizaciones no humanas hayan dominado una forma de fusión nuclear que puede ocurrir a temperaturas mucho más bajas de lo que la ciencia terrestre considera necesario. En lugar de las extremas temperaturas y presiones que se requieren para la fusión nuclear en nuestros laboratorios y reactores, la fusión fría, en teoría, permitiría la liberación de enormes cantidades de energía en condiciones mucho más manejables, y con un nivel de eficiencia que supera cualquier fuente de energía conocida en la Tierra.

Para comprender lo revolucionario de esta idea, es importante recordar cómo funciona la fusión nuclear convencional. En el núcleo de una estrella, como nuestro sol, los átomos de hidrógeno se fusionan bajo temperaturas de millones de grados Celsius, formando helio y liberando energía en el proceso. Este proceso de fusión nuclear es lo que alimenta las estrellas y, por extensión, la vida en la Tierra. Sin embargo, recrear estas condiciones extremas en un laboratorio ha demostrado ser un desafío monumental. Los reactores de fusión que estamos desarrollando, como el ITER, requieren vastas cantidades de energía para alcanzar las temperaturas y presiones necesarias, y aún estamos lejos de lograr una reacción de fusión sostenida que produzca más energía de la que consume.

La fusión fría, sin embargo, sugiere que es posible inducir la fusión nuclear sin estas condiciones extremas. Los primeros experimentos que mencionaron la posibilidad de fusión fría en la Tierra, como los realizados por Stanley Pons y Martin Fleischmann en 1989, generaron una gran controversia. Estos científicos afirmaron haber observado reacciones de fusión a temperatura ambiente en su laboratorio, lo que habría revolucionado la ciencia de la energía. Sin embargo, otros investigadores no pudieron replicar sus resultados, y la comunidad científica mayoritariamente desestimó la fusión fría como un error o un caso de ciencia patológica.

A pesar de este escepticismo, la idea no ha desaparecido. De hecho, algunos teóricos y entusiastas de la energía creen que la fusión fría podría ser una tecnología que ya ha sido dominada por civilizaciones extraterrestres. Si estos seres avanzados han descubierto cómo manipular la fusión nuclear de manera controlada y a bajas temperaturas, tendrían acceso a una fuente de energía casi ilimitada, limpia y segura, sin los problemas asociados con la radiación o los desechos nucleares que enfrentamos con nuestras tecnologías de fusión y fisión.

La fusión fría extraterrestre podría implicar una comprensión mucho más profunda de la interacción entre las fuerzas nucleares y las condiciones cuánticas. Es posible que, en lugar de depender únicamente de la presión y el calor, estos procesos de fusión sean catalizados por fenómenos cuánticos que aún no comprendemos, como el entrelazamiento cuántico o la manipulación de campos energéticos a nivel subatómico. Esta tecnología podría permitir que la fusión ocurra de manera estable y controlada, liberando energía suficiente para alimentar ciudades enteras, naves espaciales o cualquier otro sistema avanzado, sin los peligros y complicaciones que enfrentamos actualmente.

Además, si tales tecnologías existen, podrían explicar cómo ciertas naves espaciales observadas, que parecen no depender de combustibles tradicionales, logran operar indefinidamente. La fusión fría podría proporcionar la energía necesaria para la propulsión de estas naves, permitiéndoles viajar a través del espacio sin la necesidad de reabastecimiento, utilizando solo pequeñas cantidades de materiales ligeros como hidrógeno, que es abundante en el universo. Esto haría que la exploración espacial sea más práctica y sostenible, al tiempo que abre la posibilidad de que estas civilizaciones hayan alcanzado un nivel de independencia energética que aún está fuera de nuestro alcance.

La posibilidad de que una tecnología tan avanzada ya exista también plantea preguntas importantes sobre nuestra propia trayectoria científica. ¿Es posible que estemos mirando en la dirección equivocada, enfocándonos en tecnologías complejas y costosas cuando una solución más simple y elegante podría estar al alcance? La fusión fría, si es real y replicable, podría revolucionar no solo la generación de energía, sino también nuestra comprensión del universo y de las leyes que lo gobiernan.

La fusión fría extraterrestre representa una idea que desafía las normas establecidas de la física y la tecnología. Si bien la ciencia terrestre aún no ha logrado demostrar la viabilidad de la fusión fría de manera consistente, la posibilidad de que civilizaciones avanzadas ya lo hayan hecho sugiere que podría haber formas de energía que aún no comprendemos por completo. Esta tecnología, si alguna vez se realiza en la Tierra, podría cambiar el curso de la historia humana, proporcionando una fuente de energía limpia, segura y prácticamente ilimitada que podría alimentar nuestro futuro en las estrellas.

Los dispositivos de energía portátil que se describen como baterías y generadores infinitos representan una de las aplicaciones más impresionantes y, al mismo tiempo, desconcertantes de la tecnología avanzada, especialmente cuando se piensa en términos de tecnologías que podrían haber sido desarrolladas por civilizaciones extraterrestres. La idea de contar con fuentes de energía portátil que no se agotan, que son capaces de alimentar dispositivos, vehículos, o incluso estructuras enteras sin necesidad de recarga o reabastecimiento, desafía nuestro entendimiento convencional de la energía y sus limitaciones.

En nuestra experiencia cotidiana, las baterías y generadores que utilizamos dependen de fuentes finitas de energía. Las baterías almacenan energía química que se convierte en electricidad, pero su capacidad es limitada y, una vez agotadas, deben recargarse o ser reemplazadas. Los generadores, por su parte, convierten algún tipo de combustible, como gasolina o diésel, en energía eléctrica, pero también están limitados por la cantidad de combustible disponible. Estos dispositivos, aunque esenciales en nuestra vida moderna, están sujetos a las limitaciones impuestas por la necesidad constante de suministrarles energía para que sigan funcionando.

Ahora bien, imagina un dispositivo de energía portátil que funcione de manera continua, sin necesidad de recargas, reemplazos de combustible, o mantenimiento. Un dispositivo que, una vez activado, podría proporcionar energía indefinidamente. Este concepto de baterías y generadores infinitos sugiere la existencia de una tecnología que ha superado las limitaciones físicas y termodinámicas que conocemos, permitiendo el acceso constante a una fuente de energía que parece inagotable.

Una posibilidad teórica para estos dispositivos es que puedan aprovechar energías de fuentes que actualmente no podemos utilizar o ni siquiera comprender completamente. Podrían estar basados en principios avanzados de la física cuántica, como la energía de punto cero, que mencionamos anteriormente, o en otros fenómenos aún por descubrir. Estos dispositivos podrían extraer energía directamente del vacío cuántico, del campo de energía que permea todo el espacio, o quizás de alguna otra fuente exótica que no requiere de los recursos materiales que conocemos.

Otra explicación posible es que estos dispositivos funcionen mediante procesos de conversión de energía extremadamente eficientes, mucho más allá de lo que la tecnología humana ha logrado hasta ahora. Podrían estar diseñados para reciclar la energía que utilizan, minimizando las pérdidas al punto de crear un sistema prácticamente cerrado, donde la energía se reconstituye casi tan rápido como se consume. Este nivel de eficiencia es algo que la ingeniería convencional aún no ha alcanzado, pero que podría ser una realidad en tecnologías más avanzadas.

Estos dispositivos de energía portátil podrían revolucionar todas las facetas de la vida, desde la forma en que alimentamos nuestros dispositivos personales, hasta la manera en que operamos vehículos y sistemas de infraestructura críticos. Imagina un mundo donde los teléfonos, computadoras y otros dispositivos nunca necesiten ser recargados; donde los vehículos eléctricos puedan operar sin recargas, permitiendo viajes ininterrumpidos por tiempo indefinido; o donde instalaciones enteras, desde hogares hasta bases militares, puedan funcionar sin estar conectadas a una red eléctrica centralizada.

Además, la existencia de tales dispositivos tendría implicaciones estratégicas y económicas masivas. La dependencia de los combustibles fósiles o de otras fuentes limitadas de energía desaparecería, alterando radicalmente el equilibrio de poder en todo el mundo. Los conflictos por recursos energéticos podrían convertirse en una cosa del pasado, y las economías podrían transformarse de maneras que hoy apenas podemos imaginar.

Sin embargo, la naturaleza de estos dispositivos plantea también desafíos y preguntas. Si una tecnología tan avanzada existe, ¿por qué no la hemos visto implementada en nuestro mundo cotidiano? ¿Qué barreras existen para su desarrollo o difusión? Algunos especulan que el control de este tipo de tecnología estaría estrictamente regulado debido a su potencial impacto disruptivo. Otros sugieren que quizás simplemente aún no hemos alcanzado el nivel de comprensión necesario para replicar o aprovechar estos dispositivos, y que aquellos que podrían estar en posesión de esta tecnología la mantienen cuidadosamente resguardada por razones que van más allá de la simple logística.

Los dispositivos de energía portátil que funcionan de manera indefinida representan un avance tan profundo que, de ser real, transformaría nuestra civilización en formas que apenas podemos comenzar a comprender. Estos generadores y baterías infinitos no solo desafían las leyes de la termodinámica tal como las conocemos, sino que también sugieren la posibilidad de que existen fuentes de energía aún por descubrir o que no comprendemos completamente. A medida que continuamos explorando los límites de la ciencia y la tecnología, la búsqueda de tales dispositivos podría llevarnos a descubrimientos que no solo revolucionen la tecnología, sino que también cambien para siempre la forma en que vivimos y operamos en el mundo.

Capítulo 8
Biotecnología y Medicina Avanzada

La regeneración celular, en el contexto de la biotecnología avanzada, representa una frontera increíblemente prometedora en el ámbito de la medicina. La idea de una tecnología capaz de curar instantáneamente tejidos dañados, regenerar órganos, o incluso revertir el envejecimiento celular, no solo suena como un milagro de la ciencia ficción, sino que también abre puertas a un futuro donde las enfermedades, las heridas y el deterioro físico puedan ser superados de maneras que hoy apenas podemos imaginar.

En la biología humana, la regeneración celular es un proceso natural que ocurre constantemente. Nuestras células se dividen, reemplazan y reparan tejidos como parte de su ciclo de vida. Sin embargo, este proceso tiene limitaciones. Aunque algunas células, como las de la piel, pueden regenerarse rápidamente, otras, como las células nerviosas, lo hacen mucho más lentamente o, en algunos casos, no se regeneran en absoluto. Además, a medida que envejecemos, la capacidad de regeneración de nuestras células disminuye, lo que conduce al desgaste y a las enfermedades relacionadas con la edad.

La tecnología de regeneración celular avanzada, tal como se sugiere en el estudio de tecnologías extraterrestres, podría cambiar drásticamente este panorama. Esta tecnología implicaría la capacidad de activar, acelerar o incluso inducir la regeneración celular de manera controlada y precisa, permitiendo la reparación instantánea de tejidos dañados. Imagina un mundo donde una herida profunda puede cerrarse y sanar en cuestión de minutos, sin cicatrices, o donde un órgano dañado puede regenerarse por completo, restaurando su función original sin necesidad de trasplantes.

Esta tecnología podría funcionar a través de la manipulación directa de las células a nivel molecular o genético. Por ejemplo, podría ser posible activar genes específicos responsables de la regeneración, o introducir nuevas células madre que se diferencien rápidamente en los tipos de células necesarias para reparar el tejido dañado. Además, podría involucrar el uso de nanomáquinas, dispositivos extremadamente pequeños que podrían ser programados para reparar o reemplazar células dañadas a nivel celular, reconstruyendo el tejido desde dentro hacia fuera.

La regeneración celular avanzada también tendría implicaciones profundas para el tratamiento de enfermedades degenerativas, como la esclerosis múltiple, la enfermedad de Parkinson, o el Alzheimer. En lugar de simplemente manejar los síntomas, esta tecnología podría permitir la regeneración de las células nerviosas afectadas, restaurando las funciones perdidas y, potencialmente, curando estas enfermedades de manera efectiva. Además, la capacidad de regenerar órganos enteros podría eliminar la necesidad de donaciones de órganos, poniendo fin a las largas listas de espera y al riesgo de rechazo de trasplantes.

El impacto de la regeneración celular avanzada en la medicina deportiva y en la recuperación de heridas traumáticas también sería revolucionario. Los atletas podrían recuperarse de lesiones en una fracción del tiempo actual, y los soldados heridos en combate podrían recibir tratamientos que les permitieran regresar a sus actividades con una velocidad y efectividad nunca antes vistas. La medicina de emergencia podría transformarse por completo, con la capacidad de salvar vidas que hoy se perderían debido a la falta de tiempo o recursos para realizar intervenciones más tradicionales.

Por supuesto, la posibilidad de una tecnología de regeneración celular tan avanzada también plantea cuestiones éticas y sociales complejas. Si bien la capacidad de curar enfermedades y reparar lesiones es claramente beneficiosa, también debemos considerar las implicaciones de prolongar la vida humana de manera indefinida o de alterar fundamentalmente el proceso natural de envejecimiento. ¿Cómo afectaría esto a nuestras sociedades, a nuestras economías, o incluso a nuestra visión de la vida y la muerte? La posibilidad de utilizar esta tecnología para modificar o mejorar al ser humano más allá de lo que consideramos "normal" también plantea preguntas sobre el futuro de nuestra especie.

La regeneración celular a través de tecnologías avanzadas representa una de las posibilidades más emocionantes y transformadoras en la biotecnología. Si alguna vez se desarrolla plenamente, podría cambiar la medicina para siempre, permitiendo curas instantáneas, tratamientos regenerativos, y una nueva era de salud y longevidad. Sin embargo, también debemos estar preparados para enfrentar las preguntas y desafíos que acompañarán a estos avances, asegurando que utilizamos esta tecnología de manera que beneficie a la humanidad en su conjunto. Mientras tanto, la exploración de estos conceptos sigue siendo una búsqueda vital para aquellos que imaginan un futuro en el que las barreras de la biología puedan ser superadas y donde la curación y la regeneración sean tan naturales como respirar.

El control de la mente y el cuerpo a través de implantes y dispositivos de control biológico es un tema que, aunque suena a ciencia ficción, está cada vez más cerca de la realidad debido a los avances en neurociencia, biotecnología y nanotecnología. Estos dispositivos, que pueden integrarse directamente en el cuerpo o en el cerebro, tienen el potencial de alterar o influir en funciones biológicas y cognitivas, ofreciendo beneficios impresionantes, pero también planteando serias preocupaciones éticas y de privacidad.

En términos simples, los implantes y dispositivos de control biológico son pequeños dispositivos electrónicos o nanomáquinas diseñados para interactuar con los sistemas biológicos del cuerpo humano. Estos dispositivos pueden colocarse en el cerebro, en nervios específicos o en otras partes del cuerpo para monitorizar, influir o incluso controlar ciertas funciones biológicas. Por ejemplo, un implante cerebral podría regular la liberación de neurotransmisores, afectando el estado de ánimo, los niveles de ansiedad o la capacidad de concentración de una persona. Del mismo modo, un dispositivo implantado en un nervio podría influir en la percepción del dolor o en la movilidad muscular.

Uno de los usos más prometedores de estos dispositivos es en el tratamiento de enfermedades neurológicas y trastornos mentales. Pacientes con enfermedades como el Parkinson, la epilepsia o la depresión resistente al tratamiento podrían beneficiarse enormemente de implantes que modulen la actividad cerebral para reducir los síntomas o incluso revertir la progresión de la enfermedad. Estos dispositivos pueden programarse para detectar patrones anormales de actividad eléctrica en el cerebro y corregirlos en tiempo real, ofreciendo una nueva esperanza para aquellos que no responden a los tratamientos convencionales.

Además, los implantes y dispositivos de control biológico tienen aplicaciones en la restauración de funciones perdidas o en la mejora del rendimiento humano. Por ejemplo, se están desarrollando implantes que permiten a personas con parálisis recuperar el control de sus extremidades mediante la reactivación de los circuitos neuronales dañados o la creación de nuevas rutas de señalización. Estos dispositivos pueden traducir señales cerebrales en movimientos, permitiendo a los usuarios controlar prótesis robóticas o incluso interfaces de computadora con solo pensar en una acción. En el ámbito militar o de alta exigencia física, estos dispositivos podrían utilizarse para mejorar la resistencia, la fuerza o la agudeza mental, llevando las capacidades humanas más allá de sus límites naturales.

Sin embargo, la posibilidad de utilizar implantes y dispositivos de control biológico para influir o controlar la mente y el cuerpo también abre un debate sobre el potencial uso indebido de esta tecnología. La idea de que estos dispositivos podrían ser programados o manipulados para influir en el comportamiento, los pensamientos o las emociones de una persona sin su consentimiento es una preocupación legítima. En un escenario distópico, estos implantes podrían ser utilizados para ejercer control sobre individuos o poblaciones, eliminando su libre albedrío y convirtiéndolos en herramientas de quienes controlan la tecnología.

La privacidad y la seguridad también son cuestiones críticas cuando se trata de implantes y dispositivos de control biológico. Estos dispositivos, al estar conectados a sistemas biológicos y, en muchos casos, a redes de comunicación externa, podrían ser vulnerables a ataques cibernéticos o a interferencias externas. Un atacante podría, en teoría, tomar el control de un implante para causar daño o manipular a la persona que lo lleva. Esto plantea la necesidad de desarrollar robustos sistemas de seguridad y marcos éticos que garanticen que estos dispositivos se utilicen de manera segura y con el consentimiento informado de los usuarios.

En términos más amplios, la integración de dispositivos de control biológico en el cuerpo humano podría llevar a una transformación radical de lo que significa ser humano. La capacidad de mejorar o modificar funciones biológicas y cognitivas plantea preguntas sobre la identidad personal, la autonomía y la desigualdad. ¿Qué sucede si solo algunos pueden permitirse mejoras significativas en sus capacidades? ¿Podría surgir una nueva clase de humanos mejorados, separados de aquellos que no tienen acceso a esta tecnología?

Los implantes y dispositivos de control biológico representan una frontera en la tecnología médica y neurológica que tiene el potencial de transformar la vida humana de maneras profundas. Si bien ofrecen enormes beneficios en términos de tratamiento de enfermedades y mejora de capacidades, también plantean desafíos éticos y de seguridad que deben abordarse con seriedad. A medida que continuamos desarrollando y perfeccionando esta tecnología, será esencial que la utilizamos de manera que respete la dignidad y la autonomía de cada individuo, asegurando que los avances en el control biológico beneficien a la humanidad en su conjunto sin comprometer nuestra libertad fundamental.

La manipulación genética para extender la vida, y la posibilidad de alcanzar la inmortalidad, es un tema que ha capturado la imaginación humana desde tiempos inmemoriales. En la intersección de la biología, la medicina y la tecnología, este campo de investigación busca comprender y, eventualmente, controlar los procesos biológicos que dictan el envejecimiento y la muerte, con el objetivo de prolongar la vida humana de manera significativa o incluso indefinida.

El envejecimiento es un proceso biológico complejo, influenciado por una combinación de factores genéticos, ambientales y moleculares. Con el tiempo, nuestras células acumulan daño en su ADN, los telómeros (las "capuchas" protectoras en los extremos de los cromosomas) se acortan, y las funciones celulares empiezan a deteriorarse. Este proceso lleva al envejecimiento, al deterioro físico y, finalmente, a la muerte. Sin embargo, la biología moderna sugiere que estos procesos no son necesariamente inevitables o irreversibles.

La manipulación genética ofrece una vía para intervenir directamente en los mecanismos que controlan el envejecimiento. Una de las estrategias más prometedoras es la modificación de los telómeros. Estudios han demostrado que la activación de la enzima telomerasa, que alarga los telómeros, puede rejuvenecer células envejecidas y extender la vida útil de ciertas células en el laboratorio. Si esta técnica se pudiera aplicar de manera segura en humanos, podría retrasar significativamente los efectos del envejecimiento, prolongando la salud y la vida de los individuos.

Otra área de investigación clave es la edición genética, utilizando tecnologías como CRISPR-Cas9, que permite modificar con precisión el ADN en las células humanas. Esta tecnología podría corregir mutaciones genéticas que contribuyen al envejecimiento o potenciar genes asociados con la longevidad. Por ejemplo, los investigadores están explorando la posibilidad de desactivar genes que aceleran el envejecimiento o activar aquellos que protegen contra enfermedades relacionadas con la edad, como el cáncer o el Alzheimer.

Además de estos enfoques directos, la manipulación genética podría permitirnos entender y replicar los mecanismos de longevidad presentes en otras especies. Algunas criaturas, como ciertos tipos de medusas o los tardígrados, exhiben una resistencia extraordinaria al envejecimiento y al daño celular. Estudiar estos organismos y aplicar sus principios biológicos a los humanos podría ofrecer nuevas vías para extender nuestra vida útil de manera radical.

Sin embargo, la posibilidad de extender la vida a través de la manipulación genética plantea profundas cuestiones éticas y sociales. La perspectiva de una longevidad significativamente extendida, o incluso la inmortalidad, podría alterar la estructura misma de nuestras sociedades. ¿Cómo se gestionaría la población si la gente viviera indefinidamente? ¿Qué significaría para las relaciones humanas, la economía o la innovación? ¿Y quién tendría acceso a esta tecnología? Estas son preguntas que deben abordarse con seriedad mientras avanzamos en este campo.

Además, la manipulación genética para extender la vida no está exenta de riesgos. La edición genética, aunque prometedora, todavía es una ciencia emergente y conlleva riesgos de mutaciones no deseadas o efectos secundarios imprevistos. Manipular los mecanismos biológicos fundamentales podría tener consecuencias a largo plazo que aún no comprendemos por completo. Existe también el riesgo de que, en la búsqueda de la longevidad, podamos perder aspectos fundamentales de la experiencia humana, como la capacidad de enfrentar y aceptar nuestra propia mortalidad.

La búsqueda de la inmortalidad a través de la manipulación genética también toca cuestiones filosóficas profundas sobre el propósito de la vida y el significado de la muerte. Para muchos, la finitud de la vida es lo que da sentido a nuestras acciones y decisiones. Al eliminar la inevitabilidad de la muerte, podríamos alterar radicalmente la manera en que vivimos nuestras vidas y cómo nos relacionamos con el tiempo, el cambio y la naturaleza misma de la existencia.

La manipulación genética para extender la vida es una frontera de la ciencia que promete cambiar el curso de la humanidad de maneras que apenas estamos empezando a comprender. Si bien los avances en este campo podrían ofrecernos la posibilidad de vivir vidas más largas y saludables, también presentan desafíos éticos, sociales y filosóficos que no pueden ser ignorados. La inmortalidad, si es alcanzable, podría ser el mayor logro de la humanidad, pero también su mayor desafío.

Capítulo 9
Vehículos y Transporte

Las naves triangulares, con su distintiva forma geométrica y su presencia frecuente en diversos informes y avistamientos, representan uno de los diseños más intrigantes y debatidos en el campo de la tecnología avanzada, particularmente en el contexto de la ingeniería que podría no ser de origen humano. Estas naves, reconocibles por su forma triangular con luces en cada vértice, han sido observadas en todo el mundo, desde zonas rurales hasta grandes áreas metropolitanas, moviéndose de maneras que desafían las capacidades de la aeronáutica convencional.

El diseño triangular de estas naves no es solo una cuestión estética; parece estar profundamente relacionado con su funcionalidad y capacidades avanzadas. La geometría triangular es, en muchos sentidos, una forma óptima para la estabilidad y la distribución de fuerzas, lo que podría explicar por qué este diseño es recurrente. Las naves triangulares suelen ser reportadas como extremadamente estables en el aire, incluso en condiciones atmosféricas adversas, lo que sugiere que su estructura está diseñada para maximizar el control aerodinámico y minimizar la resistencia.

Una de las características más notables de las naves triangulares es su capacidad para moverse de manera silenciosa y sin esfuerzo a través del cielo. A menudo se las describe como flotando sin producir el ruido característico de motores a reacción o helicópteros, lo que sugiere que no dependen de los sistemas de propulsión tradicionales. Este silencio y suavidad en su movimiento apuntan a la posibilidad de que estas naves utilicen tecnologías de propulsión avanzadas, como la antigravedad o la manipulación del espacio-tiempo, que les permiten desplazarse sin interactuar con el aire de la manera en que lo hacen las aeronaves convencionales.

Además de su silencio, las naves triangulares son conocidas por su capacidad de realizar maniobras que serían imposibles para cualquier avión diseñado por el ser humano. Estas maniobras incluyen cambios de dirección instantáneos, aceleraciones que desafían las leyes de la física tal como las entendemos, y la capacidad de detenerse en el aire de manera abrupta y controlada. Esto sugiere que estas naves están diseñadas para operar en un régimen de vuelo completamente diferente al de nuestras aeronaves, posiblemente utilizando campos de energía o sistemas de propulsión que no dependen de la aerodinámica tradicional.

El tamaño de estas naves también es un factor interesante. Aunque hay variaciones, muchas descripciones coinciden en que las naves triangulares son de gran tamaño, a menudo comparadas con un estadio de fútbol en su envergadura. Esta escala sugiere que estas naves podrían estar diseñadas para misiones de larga duración o para transportar grandes cargas, ya sea de equipo, personal o incluso recursos. El tamaño también podría estar relacionado con la necesidad de albergar los sistemas avanzados de energía y propulsión que permiten sus increíbles capacidades.

Otro aspecto clave del diseño triangular es la presencia de luces en cada uno de los vértices, que a menudo se describen como brillantes y de colores variables. Estas luces no solo parecen tener un propósito funcional, como la señalización o la orientación, sino que también podrían estar relacionadas con los sistemas de propulsión o con la manipulación de campos energéticos. La disposición triangular de estas luces sugiere una distribución intencional de la energía o la fuerza, que podría ser crucial para el funcionamiento del sistema antigravitacional o de distorsión espacial que se especula podrían estar utilizando.

El material del que están hechas estas naves también es un tema de gran interés. Aunque no se ha recuperado ningún fragmento conocido, los testimonios de testigos a menudo mencionan que las naves parecen estar hechas de un material oscuro, casi negro, que no refleja la luz de la manera en que lo hacen los metales convencionales. Esto podría indicar el uso de materiales exóticos o avanzados que tienen propiedades ópticas únicas, como la absorción de la luz para reducir la visibilidad, o incluso la capacidad de manipular el espectro de luz para hacer que la nave sea prácticamente invisible a ciertos sistemas de detección.

En términos de funcionalidad, las naves triangulares parecen estar diseñadas para una variedad de misiones, desde el reconocimiento y la vigilancia hasta el transporte y la exploración. Su capacidad para moverse rápida y silenciosamente, combinada con su estabilidad y maniobrabilidad, las convierte en plataformas ideales para operaciones que requieren un alto grado de sigilo y precisión. Además, su tamaño sugiere que pueden llevar a cabo operaciones que requieren gran autonomía o la capacidad de operar en ambientes hostiles durante largos períodos de tiempo.

Las naves triangulares representan un diseño que combina forma y función de manera excepcional, sugiriendo una tecnología que va más allá de lo que actualmente podemos replicar o comprender completamente. Su presencia en el cielo plantea preguntas fascinantes sobre las capacidades de ingeniería y los principios físicos que pueden estar en juego, así como sobre los propósitos para los que fueron diseñadas. Si bien aún queda mucho por descubrir sobre estas misteriosas naves, su diseño y funcionalidad nos ofrecen un vistazo a lo que podría ser un avance significativo en la tecnología de transporte y exploración, uno que podría cambiar nuestra comprensión del vuelo y el movimiento a través del espacio de maneras que apenas comenzamos a imaginar.

La tecnología de teletransportación, que permite el desplazamiento instantáneo de un objeto o ser vivo de un lugar a otro, ha sido durante mucho tiempo un tema de fascinación tanto en la ciencia ficción como en la investigación científica avanzada. A diferencia de los métodos tradicionales de transporte, que requieren movimiento físico a través del espacio, la teletransportación promete la capacidad de desmaterializarse en un punto y rematerializarse en otro, superando las limitaciones de tiempo y distancia de manera casi mágica.

La idea detrás de la teletransportación se basa en principios fundamentales de la física cuántica, particularmente en el concepto del entrelazamiento cuántico. En términos simples, el entrelazamiento cuántico es un fenómeno en el cual dos partículas, una vez entrelazadas, permanecen conectadas de tal manera que el estado de una influye instantáneamente en el estado de la otra, sin importar la distancia que las separa. Este fenómeno ha sido demostrado experimentalmente en partículas subatómicas, pero la posibilidad de aplicarlo a objetos macroscópicos o seres vivos es un desafío que aún no hemos resuelto completamente.

En teoría, un sistema de teletransportación podría funcionar mediante la escaneo y la codificación de la información completa de un objeto, incluidos todos sus átomos y las posiciones relativas, para luego transmitir esa información a otro lugar donde un dispositivo receptor reconstituiría el objeto a partir de materiales disponibles en el destino. Este proceso, aunque suena sencillo en su descripción, es inmensamente complejo en la práctica. La cantidad de información necesaria para describir cada partícula en un objeto, especialmente en un ser humano, es astronómica. Además, la precisión requerida para reconstituir el objeto exactamente como era plantea desafíos tecnológicos que están más allá de nuestras capacidades actuales.

Otra forma teórica de teletransportación, más especulativa, involucra la manipulación directa del espacio-tiempo. Según algunas teorías avanzadas de la física, podría ser posible crear "agujeros de gusano" o portales que conecten dos puntos distantes en el espacio, permitiendo el desplazamiento instantáneo entre ellos. Estos agujeros de gusano, que son soluciones hipotéticas a las ecuaciones de la relatividad general de Einstein, actuarían como atajos a través del espacio-tiempo. Aunque esta idea ha capturado la imaginación de muchos, la creación y estabilización de un agujero de gusano es algo que aún está lejos de nuestra tecnología actual.

A pesar de estos desafíos, la teletransportación no es solo un concepto de la ciencia ficción. Los avances en la teletransportación cuántica han demostrado que es posible transferir el estado cuántico de una partícula a otra sin que la partícula misma se mueva físicamente. Este logro ha sido un paso importante hacia la comprensión de cómo podría funcionar la teletransportación a una escala más amplia. Sin embargo, la brecha entre la teletransportación cuántica y la teletransportación de objetos macroscópicos es inmensa y plantea preguntas sobre la naturaleza de la materia, la conciencia y la identidad.

Además de los desafíos técnicos, la teletransportación plantea importantes cuestiones éticas y filosóficas. Si se pudiera descomponer y reconstituir a una persona en otro lugar, ¿seguiría siendo la misma persona? ¿Qué sucede con la conciencia durante este proceso? ¿Se trata de una copia exacta del original o de una nueva entidad que simplemente tiene la misma configuración de átomos? Estas preguntas tocan el núcleo de lo que significa ser humano y qué es lo que define nuestra identidad.

La posibilidad de que civilizaciones extraterrestres hayan dominado la tecnología de teletransportación abre un nuevo espectro de consideraciones. Si estas civilizaciones pueden mover seres y objetos instantáneamente a través del espacio, eso explicaría ciertos fenómenos observados que parecen desafiar nuestras leyes de la física, como los avistamientos de naves que desaparecen en un instante o se mueven a velocidades imposibles. Esta tecnología, de ser real, ofrecería ventajas incalculables en términos de exploración espacial, comercio interestelar y, potencialmente, comunicación entre mundos distantes.

La tecnología de teletransportación es uno de los conceptos más desafiantes y fascinantes en el campo de la física avanzada y la ingeniería. Aunque estamos lejos de poder aplicarla a gran escala, los principios que subyacen a la teletransportación cuántica ya están empezando a ser comprendidos. Si alguna vez logramos dominar esta tecnología, podríamos estar al borde de una revolución en la forma en que nos movemos y nos comunicamos a través del universo. Mientras tanto, la exploración de estos conceptos continúa inspirando a científicos, ingenieros y filósofos a imaginar un futuro donde la distancia y el tiempo ya no sean barreras insuperables.

Los sistemas de navegación intergalácticos representan una de las hazañas más complejas y avanzadas en la ingeniería espacial, diseñados para guiar naves a través de las vastas distancias entre galaxias con una precisión y eficiencia que desafían la imaginación. A diferencia de los sistemas de navegación utilizados en nuestros viajes espaciales actuales, que se limitan a nuestro sistema solar o, en el mejor de los casos, a distancias interestelares relativamente cortas, estos sistemas avanzados están concebidos para operar en una escala mucho mayor, donde las distancias se miden en años luz y las coordenadas espaciales son tan dinámicas como complejas.

En el corazón de estos sistemas de navegación se encuentran computadoras y algoritmos extraordinariamente sofisticados, diseñados no solo para calcular trayectorias, sino también para prever y reaccionar a las innumerables variables que pueden afectar un viaje intergaláctico. La navegación a través del espacio interestelar requiere mucho más que simplemente calcular la ruta más corta entre dos puntos; implica tener en cuenta la gravedad de estrellas y planetas, la presencia de agujeros negros, nebulosas, y otros fenómenos cósmicos que pueden influir en el trayecto. Estos sistemas deben ser capaces de analizar y procesar una enorme cantidad de datos en tiempo real para garantizar que la nave se mantenga en curso y llegue a su destino con seguridad.

Uno de los principales desafíos de la navegación intergaláctica es la necesidad de una comprensión precisa del espacio-tiempo. En un viaje a través de distancias tan vastas, incluso la más mínima desviación o error en los cálculos puede resultar en un desvío de miles o incluso millones de kilómetros. Para evitar esto, las computadoras de navegación deben ser capaces de realizar cálculos extremadamente precisos y rápidos, utilizando modelos avanzados de la física que incluyen relatividad general y mecánica cuántica. Estos modelos permiten que el sistema anticipe cómo la nave será afectada por las fuerzas gravitacionales y otras perturbaciones a lo largo de su viaje, ajustando su curso en consecuencia.

Además de la precisión, la velocidad de cálculo es fundamental. Los algoritmos utilizados en estos sistemas deben ser capaces de realizar correcciones de curso en milisegundos, tomando decisiones basadas en datos en constante cambio. Esto es especialmente crucial cuando la nave se acerca a objetos masivos, como estrellas o agujeros negros, donde las fuerzas gravitacionales pueden variar drásticamente en cortos períodos de tiempo. La capacidad de predecir estos cambios y ajustar el curso en tiempo real es lo que permite a estas naves atravesar el espacio de manera segura y eficiente.

La navegación intergaláctica también enfrenta el desafío de la comunicación. A medida que una nave se adentra más y más en el espacio profundo, las señales de radio se debilitan y los tiempos de respuesta entre la nave y cualquier centro de control en la Tierra o en otra base espacial aumentan debido a la distancia. Para superar esto, los sistemas de navegación avanzados deben ser altamente autónomos, capaces de operar y tomar decisiones críticas sin necesidad de intervención humana directa. Esto significa que las computadoras a bordo deben ser no solo rápidas y precisas, sino también inteligentes, con la capacidad de aprender y adaptarse a situaciones imprevistas.

Otro aspecto crucial es la capacidad de estos sistemas para mapear y navegar a través de un universo en constante cambio. A medida que las galaxias se mueven y los cuerpos celestes cambian de posición, los mapas estelares deben ser continuamente actualizados. Los sistemas de navegación intergalácticos deben poder captar y procesar datos astronómicos en tiempo real, incorporando nueva información sobre la ubicación y el movimiento de estrellas, planetas y otros objetos espaciales. Esta capacidad de actualización constante es esencial para garantizar que la nave no solo llegue a su destino, sino que lo haga de la manera más segura y eficiente posible.

Por último, los sistemas de navegación intergalácticos también deben tener en cuenta el factor tiempo. En un viaje que podría durar años o incluso décadas, los cambios en la nave misma, como el envejecimiento de los sistemas o la variación en la masa debido a la pérdida de combustible, también deben ser considerados en los cálculos de navegación. Los algoritmos avanzados deben ser capaces de prever y ajustar estos cambios para asegurar que la nave mantenga su curso durante todo el viaje.

Los sistemas de navegación intergalácticos son una combinación de computación avanzada, inteligencia artificial y un profundo conocimiento de la física del universo. Estos sistemas no solo guían a las naves a través del espacio, sino que también las protegen, asegurando que cada viaje, por largo o complejo que sea, se realice con la mayor precisión y seguridad posible. Aunque aún estamos lejos de desarrollar plenamente esta tecnología, la comprensión de estos principios nos acerca un paso más hacia la posibilidad de viajar entre galaxias, abriendo las puertas a la exploración de un universo mucho más vasto y misterioso de lo que jamás habíamos imaginado.

Capítulo 10
Implicaciones Globales y Futuro

La tecnología avanzada, especialmente aquella que se especula podría tener origen extraterrestre, representa no solo un salto en nuestra comprensión científica y tecnológica, sino también una poderosa herramienta de control y dominación. A lo largo de la historia, el acceso a tecnologías superiores ha sido un factor determinante en la consolidación del poder de élites y gobiernos, y la posibilidad de que ciertas potencias mundiales hayan tenido acceso a tecnologías avanzadas que permanecen ocultas del conocimiento público no es una idea descabellada.

El control de la élite sobre estas tecnologías podría estar motivado por varios factores, todos ellos profundamente entrelazados con la perpetuación del poder y la influencia. En un mundo donde la tecnología avanzada puede otorgar una ventaja significativa, desde la supremacía militar hasta el dominio económico, es natural que aquellos en posiciones de poder busquen mantener estos avances bajo un estricto control. Este control no solo garantizaría su superioridad sobre otras naciones, sino también sobre sus propias poblaciones, estableciendo un desequilibrio de poder que podría ser mantenido por generaciones.

Uno de los principales motivos para ocultar estas tecnologías al público en general es la preservación del orden mundial tal como lo conocemos. La introducción de tecnologías que podrían, por ejemplo, proporcionar energía ilimitada, curar enfermedades incurables o permitir el viaje interestelar, alteraría drásticamente la estructura económica global. Las industrias tradicionales, basadas en recursos finitos y en modelos de producción y consumo obsoletos, se verían amenazadas. Las corporaciones y gobiernos que dependen de estos modelos tendrían mucho que perder si se permitiera el acceso libre y abierto a tecnologías que podrían democratizar el poder y la riqueza.

Además, el control de la tecnología avanzada podría ser utilizado como un medio de coerción o persuasión en la política internacional. Aquellos que poseen estas tecnologías tendrían la capacidad de dictar términos a otras naciones, influir en decisiones globales, y mantener un equilibrio de poder que favorezca sus propios intereses. Este tipo de dominio tecnológico no sería necesariamente visible para el público, pero sus efectos se sentirían en la política exterior, en los tratados internacionales, y en la dinámica de las alianzas globales.

El secretismo en torno a estas tecnologías también puede estar vinculado a consideraciones de seguridad nacional. La liberación de información sobre tecnologías avanzadas podría generar una carrera armamentista sin precedentes, donde las naciones intenten replicar o superar las capacidades de sus rivales. Esto no solo aumentaría la posibilidad de conflictos, sino que también podría llevar al desarrollo de armas y sistemas de control que son peligrosos no solo para los enemigos, sino para la humanidad en su conjunto.

Otra razón para el ocultamiento podría ser la gestión de la reacción pública. La divulgación de tecnologías que desafían las leyes de la física conocidas, o que sugieren la existencia de civilizaciones más avanzadas, podría provocar un shock cultural y una crisis de fe en las instituciones establecidas. Las élites, conscientes de las posibles repercusiones, podrían optar por un enfoque más controlado, revelando esta información de manera gradual o solo cuando consideren que el público está preparado para aceptarla sin una desestabilización social significativa.

En este contexto, es posible que las potencias mundiales estén utilizando estas tecnologías de manera selectiva, implementándolas en áreas clave que refuercen su poder sin alterar radicalmente el equilibrio global. Esto podría incluir el uso de tecnologías avanzadas en sectores militares, en la inteligencia, o en la exploración espacial, mientras se mantienen ocultas de la vista del público o se disfrazan como avances más convencionales. Esta estrategia de control selectivo permite a las élites beneficiarse de estas tecnologías mientras limitan su acceso y conocimiento a la mayoría de la población.

Sin embargo, el control sobre estas tecnologías no es absoluto. La historia ha demostrado que el conocimiento y la tecnología, una vez desarrollados, tienden a difundirse eventualmente. La posibilidad de que estas tecnologías lleguen al dominio público, ya sea a través de filtraciones, avances científicos independientes, o presiones sociales y políticas, es siempre una amenaza para quienes buscan mantener su monopolio. Es en este delicado equilibrio donde las élites deben operar, tratando de maximizar los beneficios de su control mientras mitigan los riesgos de exposición.

La tecnología avanzada, posiblemente de origen extraterrestre, representa un poderoso recurso en manos de quienes la controlan. Las implicaciones de su uso y ocultamiento son vastas, abarcando desde la preservación del poder y la estabilidad global hasta la gestión de la seguridad y la percepción pública. Mientras estas tecnologías permanezcan fuera del alcance de la mayoría, seguirán siendo una herramienta de control para las élites, una que define las dinámicas de poder en un mundo donde el conocimiento es, más que nunca, sinónimo de poder.

La divulgación de tecnología extraterrestre tendría un impacto social y económico de dimensiones incalculables, transformando casi todos los aspectos de la vida humana tal como la conocemos. La revelación de que existen tecnologías avanzadas, posiblemente superiores a todo lo que hemos desarrollado, desafiaría nuestras estructuras sociales, económicas y políticas, y desencadenaría una serie de consecuencias que podrían reconfigurar la civilización global.

En primer lugar, la economía global, tal como está estructurada, se vería profundamente afectada. Muchas de las tecnologías hipotéticamente vinculadas a civilizaciones extraterrestres, como fuentes de energía ilimitada o avances en transporte y medicina, tendrían el potencial de hacer obsoletas muchas de las industrias tradicionales. Por ejemplo, si se revelara una fuente de energía limpia y prácticamente infinita, como la energía de punto cero o la fusión fría, la industria de los combustibles fósiles, que es fundamental para la economía mundial, colapsaría. Esto no solo afectaría a los países productores de petróleo, sino a toda la cadena de suministro, desde el transporte hasta la manufactura y la logística, causando una disrupción masiva.

Asimismo, los avances en transporte, como la teletransportación o los vehículos de antigravedad, podrían eliminar la necesidad de infraestructuras actuales como carreteras, aeropuertos y estaciones de trenes. La logística global, el comercio internacional y la movilidad personal cambiarían de manera drástica, creando nuevas oportunidades pero también desafiando a industrias establecidas. Las empresas que no puedan adaptarse a estas nuevas tecnologías podrían desaparecer, mientras que nuevas industrias y modelos de negocio surgirían para explotar estas innovaciones.

En el ámbito social, la divulgación de tecnología extraterrestre podría cambiar la dinámica del poder y la riqueza. El acceso a tecnologías avanzadas podría democratizar el poder, permitiendo a individuos y pequeños grupos lograr cosas que antes solo estaban al alcance de grandes corporaciones o gobiernos. Sin embargo, también podría exacerbar las desigualdades si el acceso a estas tecnologías se concentra en manos de unos pocos. Los países y regiones que adopten estas tecnologías primero podrían ganar una ventaja significativa sobre aquellos que no lo hagan, creando nuevas brechas económicas y sociales.

El impacto en el empleo sería otro aspecto crucial. La automatización avanzada, impulsada por tecnología extraterrestre, podría desplazar a millones de trabajadores en todo el mundo. Si bien algunas nuevas oportunidades laborales surgirían, es probable que muchas personas encuentren difícil adaptarse a los nuevos requisitos de habilidades y conocimientos necesarios para prosperar en una economía altamente tecnificada. Esto podría llevar a un aumento del desempleo, la inestabilidad social y la necesidad de políticas económicas y sociales que aborden la redistribución de la riqueza y la capacitación de la fuerza laboral.

La educación también se vería transformada. Con la introducción de tecnologías avanzadas, los sistemas educativos tendrían que adaptarse rápidamente para preparar a las generaciones futuras para un mundo donde el conocimiento y la innovación tecnológica son fundamentales. Esto podría significar una reestructuración completa de los currículos educativos, con un enfoque mayor en las ciencias, la tecnología y la ética. Al mismo tiempo, la posibilidad de que ciertos conocimientos se vuelvan obsoletos rápidamente podría desincentivar las formas tradicionales de aprendizaje, impulsando nuevas formas de educación continua y especializada.

En un nivel más profundo, la revelación de tecnologías extraterrestres podría llevar a un cambio en la percepción de la humanidad sobre su lugar en el universo. La certeza de que no estamos solos, y que otras civilizaciones han alcanzado niveles tecnológicos que superan los nuestros, podría generar un sentido de humildad, pero también de competencia o incluso de temor. La religión, la filosofía y la ciencia tendrían que reevaluar sus postulados fundamentales, y la sociedad en su conjunto podría experimentar una crisis de identidad o un renacimiento cultural, dependiendo de cómo se maneje esta nueva realidad.

Finalmente, la política global se reconfiguraría. Las naciones y las alianzas internacionales podrían verse desafiadas a redefinir sus relaciones y sus estrategias en función del acceso a estas tecnologías. Los gobiernos tendrían que negociar nuevos acuerdos y marcos legales para regular el uso y la distribución de tecnologías avanzadas, mientras que la seguridad global se convertiría en una preocupación primordial, ante el riesgo de que estas tecnologías caigan en manos equivocadas o se utilicen de manera destructiva.

La divulgación de tecnología extraterrestre tendría implicaciones profundas y multifacéticas para la humanidad. Si bien las posibilidades de progreso y avance son inmensas, también lo son los desafíos. Gestionar esta transición de manera equilibrada, justa y sostenible sería esencial para asegurar que la humanidad pueda aprovechar estos avances sin sucumbir a los riesgos asociados. Como en cualquier gran cambio histórico, la clave estará en cómo las sociedades eligen adaptarse y evolucionar frente a estas nuevas realidades.

Si se revelara toda la verdad sobre la existencia de tecnología extraterrestre y su relación con la humanidad, el impacto en nuestro mundo sería tan profundo que cambiaría la trayectoria de nuestra civilización de maneras que apenas podemos imaginar. Esta revelación tocaría todos los aspectos de la vida humana, desde nuestras creencias más fundamentales hasta la estructura de nuestras sociedades, la economía global, y la manera en que nos relacionamos con el universo.

El primer y más evidente cambio sería en nuestra comprensión de la realidad. Durante siglos, la humanidad ha mirado hacia el cielo con preguntas sobre su lugar en el cosmos, preguntándose si estamos solos. La confirmación de que existen otras civilizaciones tecnológicamente avanzadas no solo respondería esa pregunta, sino que también redefiniría nuestra percepción de lo que es posible. La ciencia, la religión y la filosofía se verían obligadas a reexaminar sus principios básicos. La ciencia, en particular, tendría que confrontar nuevas leyes físicas o tecnologías que desafían nuestras nociones actuales de la realidad, lo que podría llevar a un renacimiento en el pensamiento científico y a avances que hoy parecen inimaginables.

En un nivel social, la revelación de la verdad podría unir a la humanidad o, por el contrario, profundizar las divisiones existentes. Por un lado, la comprensión de que no estamos solos podría generar un sentido de unidad global, ya que las diferencias entre nosotros palidecerían en comparación con la existencia de otras formas de vida inteligente. Este sentido de unidad podría impulsar la cooperación internacional en áreas como la ciencia, la defensa planetaria, y la exploración espacial. Podríamos ver la creación de nuevas alianzas globales y la reestructuración de organizaciones internacionales para enfrentar este nuevo paradigma.

Por otro lado, la divulgación también podría provocar miedo, desconfianza y conflicto. La idea de que otras civilizaciones han estado presentes o han influido en nuestro desarrollo podría alimentar teorías conspirativas y socavar la confianza en los gobiernos y las instituciones. Las naciones, temiendo perder su soberanía o su poder, podrían reaccionar de manera defensiva, buscando proteger sus intereses a toda costa. En el peor de los casos, esto podría llevar a una escalada de tensiones internacionales, con consecuencias impredecibles.

En el ámbito económico, la revelación de tecnología extraterrestre transformaría la estructura de la economía global. Tecnologías que desafían nuestras nociones de energía, transporte, medicina y comunicaciones podrían hacer obsoletas muchas industrias actuales, provocando una disrupción masiva. Sin embargo, también abrirían nuevas oportunidades, permitiendo el desarrollo de industrias y mercados completamente nuevos. Las economías tendrían que adaptarse rápidamente, y aquellos que puedan aprovechar estas nuevas tecnologías prosperarán, mientras que los que no lo hagan podrían quedar rezagados. La desigualdad, tanto entre países como dentro de ellos, podría aumentar si el acceso a estas tecnologías no se gestiona de manera equitativa.

El cambio en nuestra relación con la tecnología también tendría implicaciones personales y culturales. La posibilidad de vivir más tiempo, viajar a las estrellas, o comunicarse instantáneamente a través de vastas distancias podría alterar radicalmente nuestras aspiraciones y nuestro modo de vida. La educación y la formación tendrían que adaptarse a un mundo donde el conocimiento avanza a un ritmo sin precedentes, y donde las habilidades y competencias necesarias para tener éxito cambian rápidamente. La cultura, la religión y las artes también se verían transformadas, ya que la humanidad buscaría nuevos significados y propósitos en un universo que de repente se vuelve mucho más vasto y complejo.

La política, tanto a nivel nacional como internacional, se enfrentaría a desafíos sin precedentes. Los gobiernos tendrían que gestionar no solo la integración de estas nuevas tecnologías en la sociedad, sino también la respuesta de sus poblaciones a la nueva realidad. La transparencia y la rendición de cuentas serían esenciales para mantener la estabilidad, pero también se enfrentarían a la tentación de utilizar esta nueva información y tecnología para reforzar su poder. Las cuestiones de seguridad se volverían más complejas, con la necesidad de protegerse no solo de amenazas terrestres, sino también de posibles amenazas más allá de nuestro planeta.

A nivel más profundo, la revelación de toda la verdad sobre la tecnología extraterrestre y nuestra relación con otras civilizaciones podría llevar a una crisis existencial para muchos. La necesidad de redefinir lo que significa ser humano en un contexto más amplio podría ser desorientadora, pero también liberadora. Nos enfrentaríamos a la tarea de integrar este nuevo conocimiento en nuestra identidad colectiva, aceptando que somos parte de una comunidad cósmica mucho mayor de lo que jamás habíamos soñado.

En conclusión, la divulgación de la verdad sobre la tecnología extraterrestre sería un punto de inflexión en la historia de la humanidad. Las oportunidades para el progreso y la evolución serían enormes, pero también lo serían los desafíos. Cómo manejemos esta revelación determinará no solo nuestro futuro inmediato, sino el lugar de la humanidad en el universo durante los siglos venideros. Lo que es seguro es que el mundo nunca volvería a ser el mismo, y que nos encontraríamos en un camino hacia un destino completamente nuevo y desconocido.

9 798336 074963